NOTICE
HISTORIQUE
SUR LES FINANCES
DE FRANCE.

NOTICE
HISTORIQUE
SUR LES FINANCES
DE FRANCE,

(de l'an 8 — 1800 — au 1ᵉʳ avril 1814.)

Par M. LE DUC DE GAÈTE,

MEMBRE DE LA CHAMBRE DES DÉPUTÉS.

Suum Cuique.

———

A PARIS,

DE L'IMPRIMERIE D'ANGE CLO,

RUE SAINT-JACQUES, N° 38.

1818.

TABLE

DES MATIÈRES.

Avant-propos. Page, 1

Chap. Ier. Des Opérations de l'an 8. (1800). 15

Note sur l'Impôt progressif et sur les Taxes arbitraires. 21

Suppression de l'Emprunt forcé et progressif établi en l'an 7. 29

Rétablissement des Cautionemens en numéraire. 36

Note sur les désavantages des Cautionnemens en *immeubles*. 57

Création des Directions des Contributions Directes. 47

Rétablissement du Système des *Soumissions* et des *Obligations* des Receveurs généraux. 50

Création d'une Caisse d'Amortissement, en même temps *Caisse de garantie* des *Obligations* des Receveurs généraux. 54

Note sur la fondation de la Banque de France, et sur les Banques de circulation. 55

— Additionnelle sur les Directions des Contri-

butions Directes et sur la perception des mêmes Contributions dans la Ville de Paris. 62
— Sur la Théorie et les effets du Crédit. 67
Résultats de la victoire de Marengo pour l'Administration intérieure. 89
Chap. II. Des Opérations de l'an 9. (1801). 91
Réduction de *cinq millions* sur la contribution foncière et de dix *millions* sur la Contribution personnelle. 97
Rétablissement du paiement des Rentes et Pensions, *en Numéraire effectif*. 99
Création des Directeurs généraux des Administrations Financières. 108
Inconvenance de la Réunion à la Régie de l'Enregistrement, de l'Administration des Forêts et de la perception des Patentes. 110
Affranchissement de Contribution accordé aux Forêts de l'Etat et ses motifs. 116
Réclamations sur l'inégalité de la Répartition de la Contribution foncière. Premières mesures prises à ce sujet. 117
Chap. III. Des Opérations de l'an 10. (1802). 122
Création d'un Ministère *du Trésor*. 125
Essai d'un Cadastre, par Masse de Culture. 126
Chap. IV. Des Opérations de l'an 11. (1803). 137
Du nouveau Système monétaire et de la Refonte des Monnaies. 140

DES MATIERES.

Chap. V. Des Opérations des années 12 et 13. (1804 et 1805). 150

Nouvelle Réduction, en l'an 12, de 10,290,000 francs, sur la Contribution foncière. 151

Création d'une Régie des Contributions Indirectes. *ibid.*

Des Avantages et des inconvéniens des Droits sur les Consommations. 152

Note sur l'Impôt *en Nature* et sur ses effets. 156

Troisième Réduction, en l'an 13, de 3,092,000 francs, sur la Contribution foncière. 166

Perfectionnement dans la Fabrication des monnaies. 168

Chap. VI. Des Opérations de l'an 14. (1806). 171

Service de la Caisse d'Amortissement comme Caisse *de Crédit*. 176

Suppression de la Taxe somptuaire et quatrième Réduction d'un million sur le Principal de la Contribution foncière. 178

Complément de l'organisation de la Régie des Contributions indirectes. *ibid.*

Remplacement de la Taxe *d'entretien* des Routes par un Droit *sur le Sel*. *ibid.*

Note sur l'ancienne *Gabelle*. 179

Nouveau Tarif pour les Ports de lettres. 180

Bail Emphytéotique des Salines de l'Est. 182

Chap. VII. Des Opérations de 1807. 184

Suppression des dix centimes *de Guerre* établis,
en 1806, sur les Contributions Directes. 185
Remplacement du Droit d'inventaire des Bois-
sons. *ibid.*
Fonds extraordinaire de deux millions pour
des améliorations dans les Forêts de l'Etat. 186
Complément du nouveau système Monétaire. 187
Substitution du Cadastre *Parcellaire* à celui
par Masse de Cultures. 192
Création de la Cour des Comptes. 208
CHAP. VIII. des Opérations de 1808, au 1er
avril 1814. 210
Note sur l'organisation des Finances dans les
Pays ci-devant réunis à la France. 211
Rétablissement du Privilége de la fabrication
et de la vente du Tabac. 212
Vente, au profit de l'Etat, d'une partie des Pro-
priétés immobilières des Communes, avec
Remplacement de leur Revenu en Inscriptions
au Grand Livre. 217
Note sur les avantages politiques et financiers
de cette opération. 218
Aperçu de la quantité du Numéraire existant
en France au 1er avril 1814. 221
CONCLUSION. 224

FIN DE LA TABLE.

NOTICE HISTORIQUE

SUR

LES FINANCES DE FRANCE,

(de l'an 8 — 1800 — au 1ᵉʳ avril 1814.)

~~~~~~~~~~~~~~~~~~~~~~~~~~~~

AVANT-PROPOS.

L'Assemblée Constituante, avec les meilleures intentions d'ailleurs, avait, de fait, prononcé *la ruine des Finances*, le jour où, sacrifiant les vrais principes et les conseils de l'Expérience à de vaines Abstractions, elle avait proscrit les Droits *sur les consommations* (à la seule Réserve de ceux de Douanes, établis plus en faveur du Commerce et de l'Industrie qu'au profit du *fisc*) pour ne composer désormais le Revenu public que de Contributions *directes*, soit sur les *Capitaux*, soit sur les *Revenus* fonciers et mobiliers (1).

---

(1) Cet acte d'une Assemblée qui réunit tant de talens dans son sein, fut sans doute principalement déterminé par le besoin de cette *Popularité* qui fit sa force, et que l'on a paru rechercher depuis en provoquant de nouveau la suppression des *Droits sur les consommations*.

Mais les moyens par lesquels *une Révolution* s'opère sont peu propres à consolider un Gouvernement établi;

Et le temps des calculs *personnels* est passé pour traiter les grandes questions d'Économie publique.

Tous les hommes instruits, apprécient facilement les discours et les intentions; et *la masse de la nation* s'éclaire de plus en plus par des discussions que *la multitude* commence à comprendre et à juger beaucoup mieux que ne le penseraient ceux

On a peine à comprendre qu'elle n'ait pas été frappée du vice de son système

---

qui tenteraient encore de flatter ses passions aux dépens de ses véritables intérêts.

Personne n'ignore plus en France que le premier de ces intérêts est aujourd'hui l'*affermissement de la Monarchie constitutionnelle* qui garantit l'exercice de tous nos droits ; et l'on sait également qu'il ne peut pas plus exister de *Monarchie sans Finances*, que de *Liberté publique sans Gouvernement*.

Or, les Faits parlent assez haut pour qu'ils ne permettent plus de douter que les *Contributions indirectes* ne constituent l'un des élémens *nécessaires* d'un Système *de Finances*, capable de répondre à toutes les circonstances et à tous les besoins, sans que la *Propriété* et l'*Industrie* succombent sous le faix *des Impôts directs* ; ce qui ne pourrait arriver impunément pour *la Reproduction*, qui en souffrirait, comme les Contribuables eux-mêmes, un dommage inappréciable.

Peut-être le Système contraire, dont la Doctrine a été professée par des hommes d'un grand mérite et d'un patriotisme aussi pur qu'éclairé, serait-il

par l'insuffisance des ressources qu'elle avait elle-même jugé possible d'en attendre, malgré *la fixation exagérée* des Contributions foncière, personnelle et mobiliaire (1).

Cette insuffisance était pourtant évidente par le Budget même qu'elle avait

---

introduit avec quelque avantage dans un pays dont les circonstances seraient analogues à celles qui favorisent le *Régime Républicain* ; mais tout le monde sait que telle n'est pas la situation des grands Etats de l'Europe, ni par conséquent celle de la France, pour laquelle la question a été de nouveau résolue par une récente et déplorable expérience.

(1) *Le principal* de la contribution foncière était fixé, pour 1791, à 240 millions, et celui de la contribution personnelle et mobiliaire à 60. Il devait être ajouté à l'une, quatre sous, et à l'autre, six sous pour livre, pour les dépenses des Départemens et Districts ; ce qui portait la première à 300 millions et la seconde à 78, non compris les dépenses *Communales* et les frais de *perception*.

arrêté pour l'année 1791. Il est vrai qu'elle y avait pourvu par la création *des Assignats*, et elle avait ainsi involontairement légué à ses successeurs deux élémens de désordre et de discrédit : *un Déficit permanent et un Papier-monnaie !*

Ce dangereux auxiliaire dut bientôt devenir le principal et presque le seul instrument du service public, dès que la perception des Contributions *directes*, destinées à former la plus forte partie des Revenus de l'État, eût été tout-à-fait désorganisée.

D'une part, la confection des Rôles fut remise *aux communes*, qui la négligèrent, comme on aurait pu le prévoir.

De l'autre, l'institution de la Collecte *à la moins dite* laissa la moralité des percepteurs *sans garantie*.

Enfin des Receveurs de district, substitués aux anciens Receveurs généraux et particuliers des Finances, achevèrent d'effacer jusqu'aux dernières traces du Régime antérieur qu'il eût été si facile d'*améliorer* au lieu de le *détruire*.

La Législature, à laquelle la première Assemblée avait si prématurément résigné ses pouvoirs, et la Convention nationale qui lui succéda, restèrent indifférentes à un désordre auquel elles n'étaient pas tout-à-fait étrangères, et dont les effets n'avaient aucune influence sur le service du Trésor, dans un temps où le Balancier national en faisait, en grande partie, les frais.

Depuis l'an 5, époque de la disparition des Assignats et du retour du Numéraire, les choses étaient restées à peu près au même état. L'inconvénient de la proscription de toute espèce de

Contributions *indirectes* avait cependant commencé à être aperçu. Les Patentes créées en 1791, supprimées en 1793, avaient été rétablies en l'an 5, et l'on crut avoir recréé un impôt *indirect*, parce que, au grand préjudice et du recouvrement et des Contribuables eux-mêmes, comme je le démontrerai dans le cours de cet écrit, on en avait confié la perception à la Régie chargée de percevoir le *Droit d'enregistrement*, originairement rangé dans la classe des Contributions *indirectes*, quoiqu'il frappât, en réalité, *très-directement les Capitaux* : condition qui, pour le dire en passant, est, dans un impôt, la pire de toutes ; mais qui, dans celui dont il s'agit, se trouve heureusement compensée par les avantages que la *Propriété* elle-même reçoit de cette utile Institution.

Plus tard, on avait, avec plus de discernement, tenté d'établir un Droit *sur le sel;* mais cette proposition, admise dans l'un des deux Conseils Législatifs, avait été rejetée dans l'autre, par l'influence de ceux de ses membres qui appartenaient à d'anciennes Provinces où cette perception aurait été désagréable. On ne manqua pas de rappeler tout ce que la *Gabelle* avait eu d'odieux, comme s'il se fût agi de rétablir la *Gabelle!* — Mais l'Assemblée prit le change, et l'intérêt de localité l'emporta sur l'intérêt public.

Un droit insignifiant sur *le tabac* put seul trouver grâce, et ne donnait pas au Trésor un produit net de 2,000,000 fr.; tandis que la fabrication et la vente, *abandonnées aux particuliers,* procuraient des bénéfices immenses à quelques fabricans qui *percevaient, par le fait, l'ancien impôt à leur profit* (1).

───────────

(1) C'est cet ordre de choses dont on s'efforce au-

Aussi l'état des Finances parut-il désespéré au moment où le Gouvernement

jourd'hui de favoriser le retour, en couvrant des vues personnelles, du voile de l'intérêt prétendu de la *Culture des tabacs*, avec lequel elles n'ont réellement rien de commun.

L'intérêt *du Producteur* se réduit à avoir *un débouché assuré* pour le produit de sa récolte et à en être *bien et exactement payé*.

Or LE PRIVILÈGE EXCLUSIF lui procure ces avantages *pour les quantités qui lui sont demandées par la Régie*, et s'il produit *au delà des besoins du service*, il a la faculté d'envoyer l'excédant *à l'étranger*.

Que pourrait-il espérer de plus *d'une fabrication libre ?* Des fabricans particuliers se chargeraient-ils d'acheter *tous* les tabacs qui pourraient être récoltés en France, quelle que fût la proportion dans laquelle ces produits excéderaient leurs moyens de fabrication et de vente? Le faisaient-ils autrefois? assurément non.

Ce n'est donc point *l'intérêt de la Culture* que défendent réellement les antagonistes *du Privilége ;*

Consulaire remplaça le Directoire exécutif qui avait été établi en l'an 4.

ils regrettent *de grands profits*, et cela est naturel; mais ne peut pas l'emporter sur *l'intérêt public* qui ne permettra jamais de renoncer à un Revenu de plus de 40 millions qu'il serait impossible de remplacer par aucun autre moyen qui n'entraînât pas des inconvéniens mille fois plus graves.

J'ajoute que la chose étant consommée depuis plusieurs années, la question ne serait déjà plus la même que s'il s'agissait de prononcer, pour la première fois, sur la convenance de rétablir le privilége exclusif.

Vainement prétendrait-on encore faire valoir, en faveur du rétablissement *de la liberté de fabrication*, que *des particuliers* mettraient plus d'économie dans leurs opérations, qu'*une Régie* n'en peut mettre dans les siennes. Cela prouverait tout au plus qu'ils y feraient encore plus de profit que n'en fait le Gouvernement ; mais il n'en résulterait pas qu'il convînt de retirer de sa main un *privilége* qui donne tout à la fois, à *l'État*, un Revenu très-important et aux *Consommateurs* la garantie précieuse *qu'aucun mélange insalubre* ne les exposera jamais aux dangers

A cette époque d'autant plus mémorable qu'elle prépara celle de la Monarchie constitutionnelle que nous devons à la sagesse replacée sur le Trône; à cette époque, dis-je, le Foyer Révolutionnaire, encore mal éteint, semblait prêt à se rallumer avec plus de force que jamais. La Division régnait au sein des deux Conseils : le parti du *Directoire exécutif*, affaibli par de continuelles défections, y était sans influence, parce que l'état des affaires laissait le Gouvernement sans considération; chaque jour ses opérations y étaient attaquées et ses Ministres dénoncés. Déjà une Réunion nombreuse s'était formée, au mépris des lois, et menaçait l'*ordre public* par les plus violentes provocations. Un membre de l'un des

---

dont il est de notoriété publique que la fabrication libre ne les avait pas toujours préservés.

Conseils, homme fougueux et sans talent, la présidait : des pamphlets incendiaires en sortaient journellement, et étaient audacieusement colportés et proclamés dans toutes les rues de la Capitale. La Police était sans pouvoir pour réprimer ces désordres, et tout annonçait la prochaine dissolution d'un simulacre de Gouvernement, dont ces désordres eux-mêmes accusaient hautement l'impuissance ou la faiblesse.

L'existence politique de la France était elle-même menacée par les Revers de ses Armées sur tous les points, et par l'invasion imminente de ses frontières.

Telle était sa situation, au dedans et au dehors, lorsque *le Gouvernement Consulaire* vint l'arracher aux fureurs *de l'Anarchie*, prête à s'en saisir pour la seconde fois, *et peut-être préserver l'Europe entière de ses ravages*. Qui pourrait dire, en effet, où le Char de la révolution se fût alors arrêté !

C'est dans ces circonstances que je fus appelé au Ministère des Finances, dont je suis resté chargé jusqu'à l'époque de la *Restauration*.

Rendu, par ce grand événement, à *la vie privée*, j'ai pensé que je ne ferais pas un emploi tout-à-fait inutile de mes loisirs, en retraçant les faits d'une Administration qui eut quelques difficultés à vaincre, et dont les fautes mêmes pourraient offrir encore des leçons profitables à la chose publique.

La fortune des Etats se gouverne par les mêmes principes que celle des particuliers. *L'Esprit d'ordre* est, par conséquent, le premier besoin de l'administration des Finances. Cet Esprit s'applique à tout. Il embrasse les hommes et les choses : les convenances du service sont sa seule règle pour l'emploi des hommes, comme les Principes immuables de la justice pour la Décision des affaires. C'est ainsi qu'il appelle et qu'il fixe LA CONFIANCE avec laquelle il n'est rien d'impossible.

CHAPITRE PREMIER.

(de l'an 8 — 1800.)

§. Ier.

De la situation du Trésor public au 20 brumaire an 8, et des opérations préliminaires faites pour assurer provisoirement les parties les plus urgentes du service.

Au 20 brumaire an 8, il n'existait réellement plus vestige de *finances* en France.

Une misérable somme de *cent soixante-sept mille* francs était, à cette époque, tout ce que possédait, *en numéraire*, le Trésor public d'une nation de trente millions d'hommes! c'était le produit d'une avance de 300,000 francs que l'on avait obtenue la veille, et sur laquelle on avait fait cette réserve pour le service du lendemain.

Les Armées étaient sans *solde*; les Fonctionnaires payés directement par le trésor, sans *traitement* (1).

Une foule d'ordonnances délivrées *sur des fonds présumés*, restait due aux Parties prenantes (2).

---

(1) Les bureaux des Ministères n'avaient rien touché de leurs appointemens, depuis dix mois; la plupart des employés avaient épuisé leurs épargnes ou leur crédit, et étaient réduits aux derniers expédiens pour vivre.

L'arriéré était le même pour *la solde.*

(2) Avant le 18 brumaire, le Ministre des Finances présentait, tous les dix jours, au *Directoire exécutif* un *état de distribution* qui affectait au service des divers Ministères un certain nombre de millions dont il *n'existait pas*, dans les derniers temps, un centime au *Trésor*.

Il ne pouvait payer qu'avec les recettes opérées

Les Armées ne vivaient dans l'intérieur que de *Réquisitions*, qui dévoraient, sans

---

dans la matinée même du jour où les paiemens devaient se faire. La caisse s'ouvrait à *deux heures*, et se fermait lorsqu'elle avait épuisé ses modiques ressources.

Les Ministres n'en délivraient pas moins leurs ordonnances, comme si le Trésor public eût été dans l'abondance; et ces ordonnances, jetées à profusion *sur la Place*, alimentaient un agiotage effréné qui ajoutait sans cesse au discrédit du Gouvernement.

J'arrivai au ministère le jour où il étoit d'usage de présenter *l'état de distribution* au *Directoire*, et l'on mit sous mes yeux celui qui avait été préparé pour la *Décade* qui commençait, afin que je le fisse autoriser par *le premier Consul*.

Je demandai l'état de situation du Trésor. On vient de voir ce qu'il possédait à cette époque; et le projet *de distribution* était, comme à l'ordinaire, *de plusieurs millions !*

J'ajournai donc cette inutile mesure jusqu'à ce que j'eusse recueilli une somme *effective*, sur laquelle la distribution que je proposerais pût être assise; et

mesure, les Contributions arriérées, et même celles de l'année courante. Ces Contributions devaient être acquittées, dans une proportion *inconnue*, avec *les récépissés des denrées fournies en nature*, soit *en l'an* 8, soit même *antérieurement;* ce qui ne permettait de se faire aucune idée du montant des recettes à espérer *en numéraire*, tant sur les contributions *de l'année*, que sur les restes à recouvrer *des années antérieures;*

---

je n'en proposai, depuis, aucune qui ne fût en rapport *avec les recettes effectuées*.

Il en résulta sans doute que le service se fit très-péniblement dans les premiers temps, et que l'on put se plaindre de lenteur dans l'expédition des ordonnances pour des services exécutés, de même que dans le paiement de celles qui avaient été antérieurement délivrées; mais du moins, toute ordonnance *nouvellement expédiée*, était *exactement acquittée*, et cette exactitude ramenait, peu à peu, la confiance qui diminua successivement les difficultés.

Et *ces recettes elles-mêmes* avaient été, en grande partie, *déléguées d'avance* à des entrepreneurs ou à des compagnies qui avaient traité pour des fournitures dont ils recevaient le prix par anticipation, *sans que rien garantît la réalisation de celles qu'ils avaient promis de faire;* d'autant qu'ils avaient été autorisés à *négocier* les délégations qu'ils avaient obtenues, sous le prétexte de se procurer les fonds nécessaires à leur service (1).

---

(1) Un simple marché passé avec un Ministère pour une fourniture de quelque importance, était alors un moyen de fortune. Sur la représentation de ce marché, le Ministre des Finances donnait, sur une partie de Revenu, une *délégation* proportionnée *à la valeur estimative des fournitures à faire*.

C'est ainsi que, dans les premiers temps de mon administration, le Trésor ayant employé, dans ses paiemens, des Traites d'adjudicataires *de coupes de bois,* dont on ne pouvait pas soupçonner que l'acquittement pût éprouver la moindre difficulté à leur

Un emprunt *forcé et progressif*, déplorable ressource, desséchait tous les

---

échéance, une forte partie de ces Effets revint *protestée*, parce que le souscripteur justifia que sa Compagnie était autorisée à ne les payer *qu'en ordonnances du Ministre de la Marine*, avec lequel elle avait *contracté un marché* pour la fourniture *de bois de construction*.

Il lui avait été adjugé, à cette condition, depuis trois ans, dans divers départemens, *pour plusieurs millions de coupes de bois !*

Je m'empressai de demander au Ministre de la Marine quelle était la situation de cette Compagnie vis-à-vis de son département ; et après vérification dans les Ports où les bois de construction auraient dû être livrés, il me répondit *qu'aucune livraison n'avait été faite !*

Je chargeai alors la Régie des domaines de séquestrer tous les bois qui n'auraient pas été encore enlevés des forêts pour le compte de cette Compagnie, et de la poursuivre pour l'excédent de ce qui lui avait été adjugé.

Quelques bois furent recouvrés ; le reste fut perdu, parce que la compagnie se trouva insolvable !

Ab uno, disce omnes !

Canaux de la Circulation, et condamnait la Classe industrieuse à la misère, en paraissant n'appeler que *les Riches* à la contribution nécessaire (1).

―――――――――

(1) Le système de l'impôt *progressif* ayant encore des partisans, il peut être utile d'en rappeler ici les inconvéniens et les dangers.

Il est certain qu'il s'établit, par le cours naturel des choses, une répartition habituelle du Revenu de ceux qui vivent *du produit de leurs Propriétés foncières ou mobiliaires*, entre tous ceux qui n'existent *que de leur travail*. Une grande partie de ce que les premiers perdent *de leur aisance* se convertit par conséquent *en privations* pour les autres; car les hommes qui thésaurisent sont toujours l'*exception;* le grand nombre consomme son Revenu qu'il distribue aux classes industrieuses ou commerçantes. Si donc on imposait les classes *aisées* dans des proportions *progressives* à la décharge *des classes inférieures*, il arriverait que des sommes considérables devraient être fournies de plus *au fisc* par les classes supérieures qui seraient forcées de réduire d'autant celles qu'elles affectaient auparavant à des travaux

Enfin rien n'avait été encore préparé pour l'assiette des Perceptions de l'année courante.

---

d'utilité ou d'agrément, et par conséquent, les salaires qu'elles répandaient partout autour d'elles.

D'un autre côté, *le fisc* ne pouvant rendre les sommes qu'il aurait perçues de plus sur les premières classes, *aux mêmes points* d'où il les aurait tirées, le Gouvernement opérerait par-là un déplacement sensible des ressources *locales*, et dérangerait, au grand préjudice de la classe la plus nombreuse, l'économie inaperçue de la distribution et de l'emploi des Revenus généraux. Il mettrait ainsi *le mal-aise* dans les premières classes, et *la misère* dans les autres, à la place de *l'aisance* et de la *médiocrité*, et il en serait plus mal payé lui-même des Contributions assises sur les fortunes foncières et mobiliaires, indépendamment de ce qu'il perdrait d'ailleurs sur les Droits *de consommation*.

Ces principes ne sont pas toutefois susceptibles d'une application *rigoureuse* à un tarif de Contribution *personnelle* qui ne serait que *légèrement* progressif et dont le degré le plus élevé ne devrait donner lieu qu'à une taxe *très-modérée*. Il échapperait par-là, si

Tout était donc à faire, et tout à changer pour remédier aux maux que le sys-

---

non au juste reproche d'une *inégalité réelle*, principalement entre les contribuables qui, avec des fortunes *très-différentes*, se trouveraient placés tous *dans la classe la plus imposée*, du moins aux inconvéniens graves qu'un système de progression *illimitée* et surtout *arbitraire* entraînerait inévitablement.

Les inconvéniens de ce système deviendraient plus graves encore, si, après l'avoir appliqué *aux Contributions ordinaires* qui ont *des bases positives*, on voulait l'étendre à des taxes nouvelles *sur les Capitaux et sur les produits de l'industrie et du commerce*, dont l'évaluation ne se fonderait que sur de *simples présomptions*, ou ne pourrait s'appuyer sur des données moins incertaines que par des recherches, par une sorte d'*inquisition* dont le double effet serait infailliblement de faire naître de dangereux mécontentemens, et de porter les contribuables à employer tous les moyens de dissimuler leur fortune, afin d'échapper à l'exigence du Gouvernement. Il détruirait alors jusqu'au germe du *Crédit* qui repose exclusivement sur la *Confiance*, et se priverait de son assistance dans les circonstances extra-

tème (si l'on peut l'appeler ainsi) qui avait été suivi jusque-là aurait bientôt rendus sans remède. Il devait se trouver *dans leur excès même*, qui donna au nouveau

---

ordinaires où il pourrait lui devenir nécessaire.

D'une autre part, les contribuables se trouvant amenés à réduire leurs spéculations et leurs dépenses, non pas seulement dans la proportion du sacrifice qui leur serait actuellement commandé, mais encore dans la mesure indéterminée des craintes qu'ils éprouveraient pour l'avenir, il en résulterait inévitablement une diminution progressive, soit dans la Reproduction, soit dans les opérations commerciales, soit enfin dans la distribution des salaires, également préjudiciable à la richesse nationale et aux moyens de subsistance d'une immensité de familles.

On pourra opposer à cette opinion l'exemple de l'Angleterre, où une taxe extraordinaire, *sur les Revenus de tous genres*, a été perçue pendant plusieurs années, et a donné à l'Etat un produit considérable, sans que les classes inférieures aient paru en avoir éprouvé de contre-coup sensible.

Ceci prouverait combien il importe que les faits

Gouvernement le courage (et c'en fut un alors) de consentir le retour à d'*anciennes*

---

aient été soigneusement observés, avant que l'on en tire des conséquences.

On sait d'abord qu'il n'y a point de proportion entre la masse des *Capitaux* en France et en Angleterre.

On sait aussi qu'il existe en Angleterre une contribution énorme, perçue sous la dénomination de *Taxe des pauvres*, destinée moins à alimenter les indigens, hors d'état de travailler, qu'à fournir aux ouvriers valides, qui ne peuvent tirer de leur travail des moyens suffisans pour soutenir leurs familles, les secours qui leur sont indispensables.

Ainsi peut se réparer une partie du mauvais effet des dispositions financières qui influent défavorablement sur l'activité de tous les genres d'industrie; et c'est à ce système, *particulier à ce pays*, en même temps *qu'à l'abondance de ses Capitaux*, que l'on croit pouvoir attribuer la diminution des souffrances que l'impôt extraordinaire exigé des premières classes, a pu encore faire éprouver à la classe ouvrière.

Mais rien de semblable n'existe et ne pourrait être

Méthodes, dont l'Expérience avait antérieurement confirmé les avantages, et aux *Principes d'administration*, qui pouvaient seuls ramener *la Confiance*, que l'on peut appeler *la vie* des Gouvernemens.

---

introduit en France, où tout ce que *le fisc* enlève aux familles aisées est par conséquent perdu, *sans compensation et sans dédommagement* pour celles qui ne subsistent que de leur travail journalier.

Ce qui s'est passé en Angleterre, relativement à la Taxe sur *les Revenus*, ne serait donc nullement propre à nous rassurer sur les effets d'une semblable mesure chez nous. On sait d'ailleurs tout ce qu'en Angleterre même, elle avait excité de mécontentement, et avec quelle vivacité la suppression de cette Taxe avait été constamment réclamée jusqu'au moment où l'opinion publique en fit enfin justice.

Je reproduis ici ces observations que j'avais déjà faites ailleurs, parce qu'elles m'ont paru se placer naturellement dans un écrit où il est spécialement question de l'*assiette et de la perception des impôts*.

Mais un nouveau Système ne pouvait s'établir et donner des résultats *qu'avec le temps;* et cependant *le dénûment absolu du Trésor* plaçait la France SUR UN VOLCAN, *tandis que les Partis étaient en présence !*

Les Revenus ordinaires ne pouvaient être provisoirement que d'un bien faible secours.

Il fallait premièrement réorganiser *la confection* des Rôles des Contributions directes, *qui restaient à faire,* tant pour *une forte partie de l'arriéré*, que pour *l'année courante;* et l'institution nécessaire pour y parvenir, *était encore à créer !*

Ce travail ne pouvait d'ailleurs, après son organisation, être exécuté que *successivement* pour chaque commune, et *se terminer qu'en plusieurs mois.*

Et ce qu'il y avait de plus fâcheux encore, était l'impossibilité de prévoir quelle quantité de valeurs *mortes* viendrait *en annuler le produit* pour le Trésor public; tandis qu'une partie plus ou moins forte de la portion de ce produit *rentrée en numéraire*, appartiendrait *aux délégataires*, jusqu'à concurrence du montant de leurs délégations.

Enfin les recettes de l'Enregistrement, des Douanes, des Postes et de la Loterie, étaient extrêmement affaiblies partout, par l'effet des circonstances;

Et les rentrées étaient *nulles* pour le Trésor, sur *tous les genres de Revenus*, dans les Départemens *de l'ouest*, où LA GUERRE CIVILE consommait les Deniers publics, *dont il n'arrivait rien au Réservoir commun.*

DANS UNE TELLE EXTRÉMITÉ, des Ressources *extraordinaires* devenaient indispensables, et il n'est pas besoin de dire que ce n'était pas des combinaisons ordinaires *du Crédit* qu'il fallait les attendre.

Le Gouvernement Consulaire avait pris les rênes de l'administration le 20 brumaire, et dès le 27, l'expédient incertain et désastreux de l'*Emprunt progressif* était remplacé par une Subvention extraordinaire, fixée à 25 centimes des Contributions foncière et mobiliaire, payable sur les rôles de l'an 7, *moitié en numéraire*, ou en quittances de *l'emprunt forcé*, qui n'avoit encore produit que de faibles sommes, et en billets dits du *syndicat*, qui, après avoir été récemment émis, avec la promesse d'un remboursement en espèces, étaient restés *sans remboursement et sans emploi*.

Diverses autres valeurs *mortes* furent admises en paiement de l'autre moitié.

Si, d'un côté, les produits *applicables au service* étaient *d'autant affaiblis* par l'effet de ces dernières dispositions *que l'etat des choses rendait indispensables*; de l'autre, l'ensemble de ces mesures de justice et de bienfaisance, en consolant l'Opinion, faisait succéder à de pénibles souvenirs de meilleures espérances.

Elles déterminèrent plusieurs Maisons recommandables de Commerce et de Banque à se réunir, pour faire au Trésor une avance *sur la Subvention extraordinaire*, dont le produit *en espèces* devint, en partie, le gage de cette avance, faible à la vérité, mais qui mit du moins le Gouvernement à portée de donner aux Armées, si long-temps délaissées, un premier signe de sollicitude et de reconnaissance.

Peu de jours après, le 11 frimaire, une loi fut rendue pour prescrire aux acquéreurs de Domaines nationaux restés débiteurs *en numéraire*, sur le prix de leurs acquisitions, et qui étaient en grand nombre alors, de souscrire des Cédules payables *à époques fixes*, à peine de déchéance et de dépossession.

Des rescriptions furent en même temps créées, admissibles, comme *numéraire*, en paiement des nombreuses Propriétés que l'Etat possédait encore à cette époque.

Une loi du 13 frimaire pourvut aux moyens d'activer le recouvrement des débets des Comptables.

Une autre du 19 du même mois, prescrivit des mesures pour régulariser le remboursement des *Bons de réquisition*, dont l'admission en paiement de Contributions *fut provisoirement suspendue:* ce qui permettait de presser les rentrées *en numéraire,* pour les taxes dues par tous ceux des contribuables *qui n'avaient point fourni personnellement aux Réquisitions.* Il fut sursis à toutes poursuites envers les autres, jusqu'à ce que les vérifications ordonnées par la loi eussent été faites.

La prompte exécution de ces dispositions, en même temps qu'elle produisit quelque augmentation dans les *recettes journalières*, en *espèces*, procura une masse de *Valeurs disponibles*, qui, réunies à un assez grand nombre d'anciennes *Cédules*, que les adjudicataires *de Domaines* avaient souscrites et versées au trésor, en exécution d'une loi du 20 vendémiaire an 7, et dont le recouvrement n'avait pas été poursuivi, en aidant au service courant, facilitèrent l'opération dont je vais rendre compte, et qui fut d'un grand secours. (1)

---

(1) Ces opérations et une partie de celles dont j'aurai à parler, furent singulièrement facilitées par l'existence de deux *commissions législatives* qui remplacèrent temporairement, et jusqu'à la promulgation de la nouvelle *constitution*, les deux Conseils que la journée du 18 brumaire avait détruits. Je concertais, avec une section de chacune de ces Commissions, les dispositions qui exigeaient une autorisation *légale*. La loi était *de suite* rédigée et, *du jour au lendemain*, elle était rendue. Les instructions nécessaires pour son exécution étaient prépa-

J'avais tenté de faire comprendre aux porteurs de *Délégations* sur les recettes en *numéraire*, qu'ils avaient intérêt à aider le Gouvernement, au sort duquel leur fortune était liée. J'en avais conféré particulièrement avec l'un d'eux, qui jouissait de quelque crédit parmi ses cointéressés, et il s'était chargé de cette espèce de Négociation dont je crus devoir attendre l'effet, *sans rien précipiter :* j'attachais

---

rées dans l'intervalle ; de sorte qu'elles arrivaient, en même temps que la loi même, dans les Départemens. Cette espèce de *Dictature en finances* prévint alors de grands malheurs.

Les Directions des contributions directes, les *Obligations* des Receveurs généraux, et la Caisse d'amortissement furent instituées par des lois des 3 et 6 frimaire.

Ainsi, d'un côté, une partie des dispositions *extraordinaires* que réclamait *la situation périlleuse* du Trésor public, et, de l'autre, les *Bases fondamentales du Système de finances* furent décrétées en *vingt jours*.

un grand prix à l'obtenir d'un *acte de confiance*. Cependant les jours s'écoulaient et les besoins étaient de chaque jour. Enfin une réunion eut lieu, dans laquelle ma demande fut discutée; mais le résultat de la délibération fut *que je ne devais rien espérer !*

Placé dès lors dans l'alternative, ou de s'écarter de *l'exécution rigoureuse* des engagemens que la dernière Administration avait, peut-être *imprudemment*, contractés, ou *d'exposer le salut de l'Etat*, le Gouvernement n'eut plus à consulter que *l'intérêt public*.

Je proposai donc de *faire cesser à l'instant* l'effet de toutes les *Délégations* (*qui autorisaient, comme on l'a vu, les porteurs à prendre directement le numéraire dans les caisses affectées à chacun d'eux*) et d'en ramener le paiement *au Trésor public*, afin de lui rendre du moins la disposition des fonds dont les *Déléga-*

taires avaient eu jusque-là le droit de s'emparer. La défense de leur faire désormais *aucun versement* fut portée aux Receveurs des Départemens par des *Courriers extraordinaires*.

Considérant ensuite que le paiement de ces *valeurs*, négociées généralement à une *grande perte*, procurerait à ceux qui les avaient acquises des bénéfices considérables, je pensai qu'en leur assurant un remboursement *intégral*, sur lequel ils avaient dû peu compter, il serait permis de leur imposer la condition de secourir *la Chose publique* dont la chute les eût eux-mêmes écrasés sous ses ruines.

J'exigeai donc qu'ils fissent l'avance de sommes, d'abord *égales*, puis *supérieures* au montant des *Délégations*, dont le remboursement leur serait accordé, et je m'engageai à leur donner, *pour le tout*, des *valeurs d'un recouvrement* ou d'un *emploi bien assurés*. Elles devaient mettre ceux qui traiteraient avec le Trésor, à portée d'obtenir, des Maisons de banque, les crédits qui pourraient leur être nécessaires pour remplir leurs engagemens.

Les porteurs *de Délégations* furent néanmoins autorisés, s'ils le préféraient, à les employer comme *numéraire* au paiement des domaines ruraux, dont ils se rendraient adjudicataires.

Beaucoup se déterminèrent à traiter avec le Trésor, pour leur remboursement; et les avances qu'ils firent, eurent, dès le premier moment, l'important résultat de permettre de proscrire les *Réquisitions en nature*, qui s'opposaient au rétablissement de *Perceptions régulières*, sans lesquelles *un véritable système d'administration et de service* ne pouvait être raisonnablement fondé.

Des cautionnemens *en numéraire* furent créés plus tard pour diverses fonctions, et le produit en fut affecté par les lois au service de l'an 8. Les débiteurs de ces cautionnemens durent fournir leurs obligations à terme (1).

---

(1) Le rétablissement des cautionnemens *en numéraire*, n'eut pas seulement pour résultat de procurer une ressource momentanée au Trésor. Il eut principalement celui de lui donner, de la part des Comptables, une garantie plus complète que celle qu'il pouvait trouver dans les cautionnemens *en immeubles* qui avaient été préférés sous le Directoire exécutif. On n'avait vu, dans ce nouveau système, *qu'une épargne d'intérêts à la charge de l'Etat*, et l'on n'avait pas considéré que cet avantage disparaissait en présence des inconvéniens attachés à un mode de cautionnemens dont la réalisation, si elle devenait nécessaire, devait être soumise à toutes les chances qui influent sur la vente *des immeubles*. Il y avait nécessairement une égale incertitude, et dans *la valeur* à obtenir, et dans l'*époque* du recouvrement; ce qui exposait sans cesse l'Etat, ou à des pertes réelles, ou tout au moins à des retards qui sont toujours des pertes pour lui.

J'avais, dans le principe, conçu l'espérance de

La vente des marais salans, situés dans les départemens de l'ouest et sur les côtes

---

procurer au Trésor l'avantage de cautionnemens en *numéraire*, sans augmenter ses charges pour le paiement des intérêts, et en donnant même à l'Etat un profit applicable à l'amortissement de la dette publique. Il ne s'agissait que d'employer le produit des cautionnemens (à l'exception de ceux des Receveurs généraux qui reçurent, comme on le verra, une destination *spéciale*) à acheter des *Rentes au Grand Livre*, dont l'extrême dépréciation, à cette époque, aurait rendu une telle opération très-profitable, quelle qu'eût pu être l'amélioration du *Cours* dans l'intervalle de son exécution.

En supposant, par exemple, que le *Cours* se fût élevé de 10 fr., où il était au 18 brumaire, à 50 fr. pendant la durée de l'opération, et que le taux commun des achats eût été de 30 fr.; un capital de 20 millions aurait racheté 3,333,300 fr. de Rentes sur lesquelles déduisant un million pour l'intérêt (fixé d'abord à dix pour cent, mais bientôt réduit à cinq) à payer aux titulaires des cautionnemens, il serait resté 2,333,300 fr. *de Rentes en bénéfice* pour

de la Méditerranée fut autorisée, et une partie du prix dut également être payée en *obligations*.

Les débiteurs de rentes *foncières non*

---

l'*Etat*, et les Créanciers *de la Dette* auraient en même temps éprouvé une grande amélioration dans leur propriété.

Mais l'établissement *des Droits sur les consommations* ayant été, comme je le dirai bientôt, *ajourné indéfiniment*, il fallut y suppléer, en partie, en consacrant les cautionnemens, autres que ceux des Receveurs généraux, aux dépenses du Service, et renoncer à une opération que j'ai toujours d'autant plus regrettée, que la circonstance qui la favorisait ne devait jamais se reproduire.

Les lois sur les cautionnemens portèrent bien que les fonds en seraient rétablis successivement par le Trésor à la Caisse d'amortissement pour être employés à des achats de rentes; mais les événemens ne permirent pas que cette disposition reçût à beaucoup près son exécution, et quand elle l'eût reçue, on ne pouvait plus en attendre les mêmes résultats.

féodales appartenant à l'Etat, furent aussi autorisés à en faire le rachat, sur le pied de *quinze fois leur montant*, et dûrent fournir des *engagemens* à *époques fixes*.

Ces diverses *valeurs* concoururent avec celles dont j'ai déjà parlé, ainsi que les *obligations* des Receveurs généraux, dont je parlerai plus bas, aux transactions avec les *Délégataires*.

Enfin, lorsque le délai qui avait été accordé, par la loi, aux débiteurs de Rentes foncières, pour en faire le rachat, fut expiré, des Rescriptions furent créées, admissibles, jusqu'à concurrence d'un capital de 45 millions, au rachat, *par des tiers*, de celles de ces Rentes que *les débiteurs* n'avaient pas rachetées *directement*, et qui se payaient régulièrement à la Régie de l'enregistrement. La loi autorisa l'emploi de ces Rescriptions au paiement des dépenses du service.

Le Trésor obtint des porteurs de *Délégations*, par les premiers moyens, de *décade* en *décade* (car le Gouvernement ne pouvait alors porter ses spéculations au delà de dix jours!) un secours important, partie en *numéraire*, partie en *Effets de commerce*, à courte échéance, *sans aucune perte sur ses valeurs*, à une époque à laquelle il serait difficilement parvenu à les négocier *sur la place* à 5o pour 100.

Cette opération fut également avantageuse *pour les Créanciers* qui recouvrèrent leurs capitaux *avec profit*, eu égard au prix auquel ils avaient acquis *les Délégations* (1): pour le Trésor, qui, au milieu

---

(1) Il ne faut pas perdre de vue que les premiers *Délégataires* ayant été autorisés, par le précédent Gouvernement, à *négocier leurs titres*, la *foi publique* avait été engagée par cette fausse mesure, et que dès lors, quelque profit que les nouveaux proprié-

du discrédit effroyable des Effets publics, plaçait *au pair* les valeurs qu'il donnait aux possesseurs de ces titres, en échange de leurs *nouvelles avances*, qui s'élevèrent *au delà de* 5o *millions* : enfin *pour l'État*, qui se trouvait affranchi, *de la manière la plus convenable à la situation présente de ses Finances*, des premiers droits qui avaient été concédés aux *Délégataires*.

D'un autre côté, la *fidélité* du nouveau Gouvernement à remplir, autant qu'il était en son pouvoir, malgré la difficulté des circonstances, des engagemens qui n'étaient pas les siens, dut n'être pas entièrement perdue pour la *Confiance* qu'il importait si fort de faire renaître.

---

taires de ces titres pussent faire par un remboursement *intégral*, l'État ne faisait réellement *qu'ac-quitter sa dette*.

§. II.

De la Réorganisation des Perceptions directes.

Les mesures *extraordinaires* par lesquelles il était pourvu à une partie des besoins du moment, n'auraient pu que retarder plus ou moins *une Commotion funeste*, si l'Administration n'avait pas fait marcher de front, avec ces mesures, la Réorganisation du recouvrement de la principale branche du Revenu public.

La rentrée des Contributions directes s'était successivement arriérée de manière à former un déficit *permanent* de plus *de deux cent millions*, dans un Revenu déjà inférieur au montant des dépenses ordinaires. La plaie des Finances était principalement là !

Ce *déficit* était le résultat naturel d'un

nouvel ordre de choses qui avait détruit l'ancienne alliance entre l'intérêt des Receveurs et celui de l'Etat, en même temps que de la négligence qui s'était introduite dans l'opération la plus simple et cependant la plus nécessaire : *la confection des rôles*. Il en restait *plus de trente-cinq mille* à faire *pour l'an* 7, au 20 brumaire an 8, tandis que pour obtenir *une rentrée exacte*, tous ceux de l'an 7 auraient dû être en recouvrement *dès le premier jour de la même année*.

Aussi se trouvait-il, au commencement de l'an 9, près de 400 millions à rentrer sur les contributions des années antérieures; ce qui ne permettait plus d'espérer de remettre jamais les perceptions au courant, quoiqu'une partie des contributions arriérées pût être payée en *valeurs mortes*.

Les malheureux contribuables restaient de plus exposés aux poursuites croisées des Percepteurs, pour les diverses années sur lesquelles ils étaient redevables.

Je dirai dans le chapitre suivant comment il fut remédié à des inconvéniens aussi graves.

Une perception annuelle de près de 300 millions valait bien que l'on négligeât, pour l'assurer, les calculs parcimonieux qui avaient présidé à sa nouvelle organisation.

On avait cru gagner beaucoup, d'une part, en imposant aux Communes la charge *de la confection des rôles*; de l'autre, en mettant la Collecte *en adjudication*, afin *d'en diminuer les frais*.

Mais l'on put bientôt remarquer que l'on avait fait perdre *le centuple* au Trésor, en le privant de la rentrée régulière de ses ressources naturelles.

Tant il est vrai que l'économie bien entendue ne consiste jamais à supprimer ou à réduire les dépenses *nécessaires !*

On avait voulu, en dernier lieu, mettre un terme au retard de la confection des rôles; mais pour ne pas refaire précisément ce qui s'était fait avec succès, avant *la Révolution,* on avait créé une foule de Commissaires chargés de surveiller et d'activer les opérations des Communes. Ces agens, isolés et sans direction, occasionnaient une dépense annuelle de *cinq millions, sans que le but fût atteint.*

Ainsi, tandis que, d'un côté, on avait détruit *la Perception* par un faux calcul d'économie, de l'autre, on prodiguait l'argent pour *une Création* qui ne devait pas rendre le service que l'on en avait attendu (1).

---

(1) Je n'entends point, par ces réflexions, comme par celles que j'ai déjà faites ou que je pourrai faire

Je proposai la réforme de cette dispendieuse et inutile Armée. Elle fut remplacée par une Direction générale établie,

---

encore, dans le cours de cet écrit, attirer la déconsidération ou le blâme sur *une Administration* qui probablement aurait *en vain tenté* ce que *le Gouvernement Consulaire*, aidé, dans les premiers temps, *par l'imminence des dangers publics* qui disposent généralement à l'obéissance ; ensuite *par le rétablissement de l'ordre et par le retour à des idées plus saines*, a pu exécuter, plus tard, avec succès.

J'expose *les faits* et j'en déduis seulement *les conséquences*, sans prétendre *en accuser personne;* ce qui me siérait d'autant moins, que, comme beaucoup de monde peut le savoir, j'avais personnellement refusé, deux fois, de me charger du Ministère (d'abord à l'installation *du Directoire exécutif* en l'an 4, puis dans ses derniers momens, en prairial an 7) parce que j'étais convaincu que, dans l'état où étaient, à ces deux époques, les esprits en France, et avec le peu d'influence que *l'organisation administrative de ces temps* laissait *au Gouvernement Directorial*, le Bien étoit *impossible à faire*.

en vertu de la loi du 3 frimaire dont j'ai parlé plus haut, à l'instar *de l'ancienne Direction générale des vingtièmes*, et composée, pour chaque Département, d'un Directeur, d'un Inspecteur, pour le seconder et le suppléer au besoin, et d'un Contrôleur par arrondissement, chargés de faire confectionner, sous leur responsabilité, les Rôles des Contributions directes, après avoir recueilli les renseignemens nécessaires sur les mutations *de propriété ou de domicile*, et de vérifier les réclamations des contribuables, afin de mettre l'administration locale à portée de leur rendre justice.

Un arrêté du Gouvernement régla tout ce qui était relatif à l'instruction et au jugement des réclamations en matière de contributions directes.

Les Directeurs dûrent correspondre *sans intermédiaire* avec le Ministre, et lui rendre un compte *périodique et fré-*

quent de la situation et des résultats de leurs opérations.

A l'aide de cette Institution qui, grâces au zèle rare avec lequel je fus secondé, se trouva organisée partout *en moins de six semaines*, et dont la dépense n'allait pas *à 3 millions*, j'obtins, *dans le cours de l'an 8*, les trente-cinq mille rôles qui restaient à faire *de l'an 7*, les rôles *de l'an 8*, et enfin ceux *de l'année suivante*, qui purent ainsi entrer en recouvrement *dès le premier jour de l'an 9*.

Ce premier résultat obtenu fut, comme on le verra, *décisif* pour le succès des opérations qui eurent, dès la seconde année, une si heureuse influence sur la situation du Trésor public (1).

---

(1) On conçoit qu'un travail aussi considérable ne put être exécuté, dans un aussi court intervalle, avec tout le soin que cette opération exige dans un temps ordinaire; mais *faire vite* dut être *le mot d'ordre* de

Après avoir pourvu à l'*instrument de la Perception*, il fallait assurer *la Perception* elle-même. Une loi ordonna que le paiement des Contributions directes se ferait *par douzième et par avance*, chaque mois, et je préparai dès lors le remplacement, qui s'opéra plus tard, des *Collecteurs, à la moins dite*, dont les *exactions ruinaient les contribuables*, par des Percepteurs *à vie*, nommés sur une liste de trois candidats présentés par les Préfets, et cautionnés *en numéraire*.

Il fut aussi prescrit, par une loi du 6 frimaire, aux Receveurs généraux nouvellement rétablis, de souscrire, pour le montant des Contributions *directes*, des *obligations* payables *par mois*, *à jour fixe*, *en espèces métalliques*.

---

cette première année où il n'y avait *de moyen de salut* que dans *la célérité* des mesures et dans *la rapidité* de leur exécution.

Les Receveurs d'arrondissement furent tenus, de leur côté, de s'obliger envers les Receveurs généraux par des *traités* dont les Termes devaient correspondre à ceux des *soumissions* des premiers, à la seule différence de quinze jours d'avance.

Ces Receveurs se trouvaient ainsi intéressés à surveiller les Percepteurs (dont ils devinrent ultérieurement garans), et les Receveurs généraux avaient un titre contre les Receveurs particuliers pour assurer l'exécution de leurs engagemens.

Les uns et les autres obtinrent, par l'effet de ces dispositions, quelques jouissances de fonds provenant de la différence de la recette *effective*, à chaque époque, avec le montant *des soumissions et des traités*; ce qui les intéressait plus particulièrement encore à activer les recouvremens, *sans qu'ils pussent néanmoins en presser la marche au delà de la mesure fixée par la loi* (1).

Les *obligations* des Receveurs généraux devaient être remises, pour l'an 8, *dans le mois qui suivrait la confection des Rôles*, et, pour l'avenir, *avant le premier jour de chaque année*, au Trésor qui nanti, *par avance*, d'une masse de *valeurs* égale au montant total *du Revenu annuel*, serait en mesure d'en dis-

---

(1) Le même ordre fut établi dans la ville de Paris, divisée en douze arrondissemens, dont les Receveurs remplissent les fonctions de *Percepteurs*. L'intérêt que ces Receveurs eurent, comme ceux des Départemens, à l'accélération des recouvremens, rendit bientôt le mouvement à des perceptions qui présentaient plus de difficultés que partout ailleurs, et qui, *par le maintien de ce Régime*, se sont constamment soutenues depuis, de la manière la plus satisfaisante.

L'intérêt personnel, bien dirigé, sera toujours l'auxiliaire le plus sûr de *l'Administration* et du *Gouvernement.*

tribuer l'emploi suivant les besoins de son service.

Ce système fut complété plus tard par la création *d'un Comité de Receveurs généraux* résidant à Paris, qui remplit pendant quelque temps, à l'égard du Trésor, à peu près le même office que remplit encore aujourd'hui *la Caisse de service*, établie quatre ans après que la direction générale du Trésor, *qui avait fait partie des attributions du Ministère des Finances pendant les années* 8 *et* 9, avait été confiée à un Ministre particulier (1).

---

(1) A l'époque de l'établissement de *la Caisse de service* en 1806, le Comité des Receveurs généraux avait été supprimé depuis deux ans environ. Cette suppression avait été une faute grave et dont on n'avait pas tardé à porter la peine. Elle produisit la catastrophe des commencemens de 1806, qui fut telle que si le sort des combats nous eût été contraire dans les plaines d'*Austerlitz*, et que l'armée eût dû repasser les frontières, le Trésor n'aurait pas eu le

La création des *obligations* des Receveurs généraux fut accompagnée d'une mesure qui était indispensable pour en assurer le succès.

Il est certain que dans un moment où les billets du *syndicat* dont j'ai déjà parlé rappelaient des idées si contraires au retour *du Crédit*, un nouveau Papier n'aurait obtenu aucune confiance, s'il ne lui avait pas été donné *une garantie spéciale*.

Il fut donc ordonné *par la loi du 6 frimaire*, que le produit des cautionnemens *en numéraire* à fournir par les Receveurs généraux, serait versé à *une*

---

moyen de lui donner le moindre secours. Il n'y avait point eu jusque-là d'exemple d'un semblable échec porté à la fortune publique. Les suites en demeurèrent néanmoins à peu près insensibles par l'habileté que l'administrateur distingué (M. le comte Mollien), qui fut appelé, à cette époque, au Ministère du Trésor, mit à en réparer les effets.

Caisse d'amortissement, entièrement séparée du Trésor public, pour être appliqué au remboursement des *obligations* qui pourraient être *protestées* à leur échéance.

Cette disposition eut une grande influence sur la négociation de ces *valeurs*, qui finirent par jouir de la même faveur que les meilleurs effets de commerce.

Le Gouvernement recueillit ainsi plus tard le fruit du courage qu'il avait eu, *au milieu de la pénurie extrême du Trésor*, de consacrer le produit des cautionnemens des Receveurs généraux, *à la garantie du nouvel Effet qu'il se proposait d'émettre*, au lieu de l'employer *directement* à satisfaire aux besoins pressans dont il était journellement assailli (1).

---

(1) Cinq millions furent néanmoins prélevés sur le montant de ces cautionnemens pour jeter les premiers fondemens de la Banque de France qui a si

Cette combinaison, fort simple en elle-

bien justifié sa création par les services qu'elle a rendus et qu'elle continue de rendre au Commerce et au Gouvernement lui-même.

Mais le gage des *obligations* ne fut point affaibli par cette disposition, au moyen de la condition imposée *à la Banque* d'acquitter *sur le fonds des Actions* dont la Caisse d'amortissement devenait propriétaire, celles qui pourraient être *protestées au delà de la partie de ces mêmes cautionnemens* que cette caisse devait appliquer à leur remboursement.

Une compagnie particulière essaya aussi de concourir à *la baisse de l'intérêt de l'argent*, par l'émission d'un *Papier de confiance*, garanti *par des biens fonds* ; mais cet essai ne fut pas heureux et il ne pouvait pas l'être.

Tout le monde sait aujourd'hui qu'un Papier destiné à faire office *de monnaie* ne peut remplir cette destination qu'autant qu'il est échangeable *à volonté* ou, en tout événement, *le plus certainement et le plus promptement possible* contre l'or et l'argent qu'il représente.

Or, le gage du remboursement des billets émis par une *Banque hypothécaire*, repose sur des va-

même, fut appréciée, *à raison des cir-*

---

leurs qui ne pourraient y être appliquées que *par la vente d'immeubles*, dont l'aliénation, toujours *lente* et souvent *incertaine*, souffrirait d'ailleurs d'autant plus de difficultés et de défaveur qu'il s'en présenterait *une plus grande quantité* à vendre *à la fois*.

Aussi la confiance dans une telle Banque ne pourrait-elle se fonder, même sur la probabilité qu'elle offrirait, par l'existence *d'une réserve* plus ou moins forte *en espèces*, qu'elle serait en état de satisfaire aux demandes de remboursement présumables *dans un ordre de choses ordinaire*. Cette confiance n'est complète que lorsque *la nature du gage* est telle que la prompte réalisation en soit assurée, *dans tous les cas*, comme elle l'est, par exemple, dans *la Banque de France*, qui ne peut émettre aucuns billets qui ne soient représentés par des lettres de change revêtues de *trois signatures connues*, payables à court terme, *dans le lieu même* où les billets sont émis; garanties *par des marchandises* dont l'argent du consommateur *local* doit infailliblement acquitter le prix avec un bénéfice excédant le montant de chaque lettre de change; et qui emportent *la contrainte par corps* contre les souscripteurs qui ne se libéreraient point à l'échéance; tandis que, dans le cas d'une liquidation nécessaire, une Banque hypothécaire serait réduite à attendre, *de la volonté des acquéreurs de ses biens*, la réalisation du gage de ses créanciers.

L'exception relative aux services dont la Banque de France pourrait se charger *pour le compte du Gouvernement*, n'est ici d'aucune considération ; puisque le gage de ces services reposerait toujours sur des Contributions publiques, d'une rentrée *certaine*, à des époques *connues*, et que ces Contributions sont payables *exclusivement en numéraire effectif*.

Il ne s'agit donc pas d'examiner abstraitement si *un bien fonds* peut, en lui-même *et matériellement*, être considéré comme un gage *plus solide* qu'une *lettre de change*. La question n'est pas là ; elle est tout entière dans la certitude que peut offrir l'une ou l'autre valeur *d'une réalisation plus prompte et plus assurée, au moment du besoin*, et l'on ne pense pas qu'il puisse s'élever, à cet égard, la moindre incertitude.

élémens du *Crédit* étaient familiers (2).
Il est très-vrai que ce furent les protêts

Ces principes sont familiers à tous ceux qui se sont livrés à l'étude des Traités d'économie politique qui ont paru depuis vingt-cinq ans, et particulièrement de l'excellent ouvrage que M. J.-B. Say a publié, en dernier lieu, sur cette importante matière.

Dans la comparaison que je viens de faire de la Banque de France avec une Banque *hypothécaire*, j'ai considéré celle-ci comme n'agissant que *dans le lieu même* où elle serait établie ; mais ses désavantages s'accroîtraient dans une proportion incalculable, si les billets qu'elle émettrait devaient circuler *au delà du siége de son établissement*. La moindre inquiétude répandue, parmi les porteurs de ces billets, serait capable d'amener des crises dont il serait impossible de prévoir les conséquences. On en peut juger par celle qui eut lieu, *à Paris même*, dans une circonstance que je rappelle dans le cours de cet écrit.

Il me paraît au surplus, à peu près démontré, qu'une Banque hypothécaire, fondée même sur le principe *d'une réserve en numéraire*, destinée à

qui eurent lieu dans les premiers temps, qui firent la fortune des *obligations* des

---

rembourser *à vue* ses billets, ne parviendrait pas à en faire entrer *un seul* dans la circulation.

En effet on n'emprunte guère *qu'au moment du besoin*. Ce besoin est l'acquittement d'un engagement quelconque, ou présent, ou prévu; il faut donc que l'*emprunteur* ait la certitude de se libérer, *sans difficulté et sans perte*, avec la *valeur* qu'il obtient. Or, *le numéraire effectif*, remplit seul *absolument* ces conditions, et le billet de la Banque de France ne circule, comme il le fait, à Paris, que par la certitude qu'elle offre d'un prompt remboursement, *quelque événement qui pût arriver*.

Une Banque hypothécaire ne pouvant offrir cet avantage d'une manière à beaucoup près aussi complète, il serait dans l'ordre naturel des idées que celui qui recevrait de la Banque, *en ses billets*, la somme qui lui serait nécessaire, *les présentât de suite au remboursement*, afin d'en assurer l'emploi, comme je viens de le dire, *sans difficulté et sans perte*. Car il faut considérer que l'*emprunteur* n'ayant aucune communauté d'intérêt avec *la Banque*, il n'y aurait pas de raison pour qu'il s'exposât à l'une ou à l'au-

Receveurs généraux, par la ponctualité avec laquelle, à défaut de ceux-ci,

---

tre, dans la vue de favoriser une circulation qui ne pourrait lui procurer aucun avantage personnel. Son unique objet serait d'obtenir *une valeur qui ne pût être refusée, dans aucun cas, et dont la division se prêtât facilement à tous les emplois*, soit qu'il la destinât au paiement de dettes exigibles, soit qu'il ne se proposât que de l'appliquer successivement ou à l'achat de marchandises ou à des améliorations dans ses propriétés.

Ainsi le *numéraire* que la Banque aurait réuni dans l'intention de n'en faire qu'une *réserve*, s'écoulerait très-probablement *en prêts journaliers*, dont le faible intérêt n'offrirait à ses actionnaires que la perspective d'une perte *certaine*; et elle ne pourrait se flatter de conserver long-temps des actionnaires à ce prix.

(2) Elle n'en eut pas moins aussi de violens détracteurs.

Un écrivain qui prétendait alors à une sorte d'autorité *en matière de Finances*, attaqua le système entier, avec furie, dans une feuille publique. Son exécution devait, suivant lui, *bouleverser la France*.

elles furent acquittées par la *Caisse d'amortissement*; ce qui prouva combien *un fonds de garantie* avait été nécessaire (1).

Ce même homme, si on lui eût demandé un autre moyen de la sauver, n'aurait pas manqué de répondre *que ce n'était pas son affaire.*

Peu de temps après, un ancien négociant, dont les spéculations n'avaient pas été heureuses, déchira ce même système, dans un libelle écrit avec esprit, surtout avec malignité (et qui ne fut pas rendu public), où, après avoir établi que son auteur ne pouvait être qu'un homme *vendu à l'Angleterre*, il laissait assez maladroitement percer le désir de le remplacer au Ministère.

Le premier consul me renvoya, *sans la moindre observation*, ce libelle qui avait été mis sous ses yeux dans une tout autre intention, sans doute, que celle *de la simple communication* qui m'en fut donnée.

(1) C'est tout ce qu'il y avait de *neuf* dans un système dont j'avais été à portée de bien connaître les effets avant *la Révolution* et auquel je ne fis que proposer de revenir.

Cette Institution répondit ainsi, par ses

Il a subi, depuis, de graves altérations.

On a parlé, en dernier lieu, de supprimer encore *les soumissions* des Receveurs généraux, qui sont *le pivot de ce système* pour la rentrée exacte des contributions *directes*; et j'espère encore que l'édifice ne sera pas ainsi sapé par sa base *qu'une loi de l'Etat a* consacrée.

Les Directions des contributions ont été aussi plusieurs fois menacées. Leur suppression ramenerait l'ordre de choses introduit pendant *la Révolution*, et l'on a vu quel en avait été le résultat pour nos Finances !

Dans une matière aussi simple, il semble que l'on devrait s'en tenir *aux méthodes éprouvées*, et qu'il serait peu sensé de revenir à celles dont une expérience récente aurait démontré les inconvéniens. N'y eût-il que celui de donner à la marche du Gouvernement le caractère de la versatilité, il importerait encore de l'éviter pour ne pas nuire à la Confiance qui s'en effraie toujours.

Il faut considérer aussi que ces changemens dans *les choses* ne se font jamais sans qu'ils influent sur

résultats, *aux déclamations despectives*

le sort *des hommes* dont le zèle, souvent même le désintéressement se mesurent sur le degré *de stabilité* de l'état qu'ils ont embrassé; et que de plus, il est tel de ces changemens par lequel des fonctionnaires deviendraient, sans nécessité, victimes de la confiance qu'ils auraient eue au Gouvernement.

Je citerai, pour exemple, les Receveurs particuliers des Contributions directes de la ville de Paris, laquelle, comme *Capitale* d'un grand royaume, a toujours fait exception au régime du reste de la France. Cette ville qui, avant *la Révolution*, ne comptait que six Receveurs, a été divisée, depuis, en douze arrondissemens à chacun desquels un Receveur a été attaché. Cette division correspondait au nombre des Mairies que l'étendue de la population avait fait juger nécessaires, et elle a toujours paru remplir toutes les convenances.

Les douze Receveurs ont en conséquence été soumis, depuis *la Restauration*, à un supplément de cautionnement qu'ils ont exactement fourni; et l'on sait que ce n'est généralement *qu'avec des sacrifices* que les comptables peuvent se procurer les moyens de satisfaire à de semblables exigences; mais ils ont

dont elle avait d'abord été l'objet (2). Sa création seule, malgré *la médiocrité* des

---

dû s'y soumettre sans peine, dans la persuasion que leur existence en serait *d'autant plus affermie*.

Cependant on a eu depuis l'idée *de doubler leur nombre*, sous le prétexte apparemment de donner au Public une nouvelle commodité ; peut-être plus réellement dans la vue *de créer de nouvelles* Places. Le Ministre a heureusement résisté à ce projet qui eût, non-seulement *sans utilité*, mais encore *avec préjudice pour la classe la moins aisée des contribuables*, bouleversé l'existence des Receveurs actuels.

Une idée plus naturelle eût été celle de faire verser les Contributions par les Receveurs, tant de Paris que des deux arrondissemens extérieurs, *directement au Trésor* sans les faire passer par l'intermédiaire d'un Receveur général qui n'est point à portée de rendre, *à Paris*, les services que les Receveurs généraux rendent *dans les départemens*. L'exécution de ce nouveau système ne serait pas susceptible de la moindre difficulté; mais il aurait, comme l'autre, l'inconvénient de détruire une Place pour laquelle il a été fourni un cautionnement très-consi-

moyens qu'elle recevait pour *l'Amortissement*, qui était d'une faible importance alors, eut néanmoins, comme *Idée d'ordre*, une influence réelle sur

---

dérable (1,200,000 liv.), et il conviendrait, avant tout, d'examiner si l'économie qui devrait en résulter serait telle qu'elle dût faire passer pardessus cet inconvénient, ou bien si la même économie ne pourrait pas être obtenue d'une manière moins fâcheuse.

(2) Les difficultés et les sollicitudes de l'Administration étaient encore augmentées, dans le début qui fut si pénible, par ces *Tracasseries* qui faisaient, à cette époque, une impression qu'elles n'auraient pas faite plus tard.

Il n'y a point d'exagération à dire qu'il est tels de ces déclamateurs chagrins, qui s'étaient chargés du commode emploi de censurer, à tort et à travers, tout ce qui se faisait, *sans rien mettre à la place*, dont les aberrations ont augmenté de 10 millions *les frais de négociations* du Trésor, en retardant les progrès de la Confiance qui, une fois éclairée par les résultats, fit enfin justice de ces prophètes *de Ruine et de Malheurs.*

l'amélioration de la *Dette publique*, dont le *Cours* était au-dessous *de 10 francs* au 18 brumaire; en sorte que, pour un tel capital, on obtenait 5 *fr. de rente.*

L'élévation graduelle de ce *Cours*, qui a fini par dépasser 80 fr., fut également profitable et *au Crédit public*, dont les opérations du Gouvernement ressentirent les heureux effets, *et aux Fortunes particulières* qui retrouvèrent les Capitaux considérables que la dépréciation leur avait fait perdre.

En effet, 38 millions de Rentes qui existaient, à cette époque, et qui ne représentaient plus, *au cours de 10 fr.*, qu'un modique Capital de 76 millions, représentèrent plus de 600 millions, *au cours de 80.* La propriété des Rentiers de l'Etat s'était donc réellement augmentée *de plus de 500 millions* (1).

---

(1) On ne doit pas inférer de cette observation

L'amélioration successivement obtenue dans cette partie fut aidée par le

---

que, comme quelques personnes l'ont avancé dans ces derniers temps, en *créant des Rentes*, on crée *des Capitaux*, et qu'un Etat *s'enrichisse par les emprunts*. Il est incontestable

D'une part, que les Capitaux qui se portent sur *la Dette publique* abandonnent un autre emploi *où ils se trouvent de moins*, et que la création des Rentes nouvelles dont ils se saisissent, n'accroît par conséquent pas *la Masse de ceux qui existaient auparavant*. Cette Masse ne peut être réellement augmentée que par *la Reproduction* qui seule crée *une augmentation de richesse*, et qui, par cette raison, ne peut être trop favorisée ;

D'autre part, que l'Etat n'empruntant généralement que pour *consommer*, les Capitaux et les intérêts dont il se grève sont toujours une nouvelle charge pour laquelle il reçoit bien *un service*, mais dont il ne tire pas ordinairement *un profit*.

Il n'en est pas moins vrai, sous un autre rapport, que la dépréciation *du Cours des Rentes* occasionne une perte réelle à ceux qui les possèdent, puisqu'ils ne retrouveraient plus, par leur vente, le Capital

nouveau mode de paiement des Rentes dont j'aurai à parler dans le chapitre suivant.

---

qu'ils y avaient employé; de même que leur condition s'améliore à mesure que l'élevation *du Cours* rapproche de ce même Capital la valeur des Rentes qui le représentent; mais ce résultat particulier n'a aucune influence *sur la Masse générale des Capitaux qui n'en augmente ni n'en diminue*; d'où résulte la conséquence que l'on ne crée pas *de Capitaux* en créant *des Rentes*; on ne fait que donner *un emploi nouveau* à ceux qui existent;

Mais on crée bien réellement *des impôts* qui deviennent indispensables pour payer les intérêts *des emprunts*, et pour en rembourser le Capital, de quelque manière que ce remboursement doive s'opérer.

Or, on ne peut pas dire qu'en grossissant *les charges des particuliers*, on augmente la *richesse publique*, tant s'en faut!

Il est bien vrai que les Capitaux *étrangers* qui se portent sur les *Rentes* augmentent momentanément la Masse *du Numéraire* qui circule dans le Pays; mais la mobilité continuelle de ces Capitaux ne per-

SUR LES FINANCES

Une circonstance particulière rendit la formation des soumissions des Receveurs

met pas de les considérer comme une Richesse *acquise*, ni par conséquent, comme propres à justifier l'opinion qu'un Etat *s'enrichisse nécessairement par les Emprunts.*

Le Crédit, dont on a tant parlé, et souvent avec un engouement qui excluait la réflexion, peut être justement comparé à ces *Remèdes Héroïques* dont l'usage devient pernicieux par l'abus que l'on en fait. La mesure de *l'abus* n'est pas, à la vérité, la même pour tous. L'action de ces remèdes étant toujours violente, leur succès dépend des moyens qu'a *la Nature* d'en réparer les premiers effets.

Abandonnant le style figuré, on dira que l'emploi du *Crédit* peut être hasardé, dans une plus grande latitude, par une Puissance *Maritime prépondérante*, que par une Puissance *principalement Continentale*, parce que la première, *si la Fortune la seconde*, peut placer long-temps, à gros intérêts, les Capitaux qu'elle emprunte, en augmentant *ses relations commerciales* et les bénéfices qu'elle en retire ; tandis que l'autre ne peut ordinairement espérer *qu'un genre de Conquêtes* dont les profits ne

généraux susceptible d'une difficulté sérieuse pour l'an 8.

compensent point, en général, les sacrifices qu'elles ont occasionnés. L'une peut ainsi augmenter *ses Capitaux*, là où l'autre consommerait une partie des siens pour les intérêts et le remboursement des Emprunts qu'elle aurait contractés. Il serait donc imprudent de prescrire aux deux le même régime, et la raison ne permettrait pas davantage de conseiller, à celle pour laquelle il aurait moins de danger, de s'y abandonner *sans calcul et sans mesure*; car il est, en toutes choses, une limite que l'on ne dépasse jamais sans en porter la peine.

Il n'est pas besoin de dire que ces réflexions sont étrangères *au Crédit* pris *dans son acception simple*, qui n'est autre chose que le produit de la confiance dont jouit un Gouvernement par l'effet de l'ordre que l'on sait exister dans ses affaires et qui lui procure toutes les facilités que réclament les besoins de son service ordinaire.

Il ne s'agit que de *cet Etre fantastique*, de cette espèce de *Magicien* en faveur duquel on a prétendu renouveler les prestiges *de la Féerie*.

C'est toujours sur l'exemple de l'*Angleterre* que

La pénurie des Finances avait réduit, comme on l'a vu, le Directoire exécutif à la

ses Apôtres appuient leur singulière doctrine ; comme si les résultats de guerres, entreprises et dirigées dans un intérêt *purement commercial* et qui ont été *constamment heureuses*, pouvaient dispenser de faire entrer *vingt milliards* de Capitaux empruntés, dont il faut payer les intérêts et les remboursemens *par des impôts permanens*, en ligne de compte dans le calcul de l'*actif* et du *passif* d'un pays, où, d'un autre côté, une Taxe annuelle de plus de 200 millions est nécessaire pour alimenter la partie de la Population qui ne peut vivre du seul produit de son travail, parce que les deux tiers de ce produit lui sont enlevés par l'impôt!...*

Que l'on suppose donc pour un moment, que l'Angleterre eût éprouvé, *dans son Commerce et sur son Territoire*, par quelque événement que ce

* *Extrait du* Times (*du 3 octobre* 1818.)

« Les Taxes sont tellement au-dessus des facultés de la
« moyenne et de la basse classe, que beaucoup d'honnêtes gens
« sont forcés d'aller dans les pays étrangers pour y vivre à meil-
« leur compte et conserver une partie de leur fortune pour
« leurs enfans ou pour leur vieillesse. »

nécessité de recourir *aux Réquisitions de denrées* pour assurer la subsistance des

fût, des malheurs égaux à ceux qui ont affligé la France, dans ces derniers temps ; et que l'on dise si l'on peut croire qu'elle en eût mieux supporté le poids, et que l'ÉNORMITÉ de sa Dette eût été UNE FACILITÉ pour le rétablissement de ses affaires!

Il faut toujours, en dernière analyse, en revenir *à la vérité. L'Emprunt*, qui est le plus ordinairement utile *aux particuliers*, serait, le plus souvent aussi, plus tôt ou plus tard, ruineux pour *un Etat* qui s'y livrerait *par système*, et pour des spéculations dont les chances, toujours hasardeuses, ne peuvent jamais être calculées comme celles des spéculations particulières. Le résultat *certain* étant une *augmentation de charges* pour les Peuples, tandis que les compensations que l'on aurait espérées seraient *nécessairement éventuelles*, et pourraient même se convertir *en pertes imprévues*, le Gouvernement qui s'abandonnerait à un tel système mettrait son existence *au hasard*, et s'exposerait, comme le font tous les joueurs, à des malheurs irréparables.

Mais ce serait un autre genre d'exagération que

Armées. On délivrait aux propriétaires de ces denrées des *Bons admissibles en paiement de Contributions*. On en délivrait aussi aux Rentiers et Pensionnaires de l'Etat pour le paiement de chaque se-

---

de penser qu'un Gouvernement ne puisse, *dans aucun cas*, recourir *au Crédit* dont il est question ici, *sans qu'il marche, pour cela seul, à sa ruine*. Il n'en est heureusement point ainsi lorsqu'il n'emprunte que pour des besoins *extraordinaires et momentanés* qui dépassent tout ce qu'il pourrait obtenir *par l'impôt*, et qu'il se ménage *un excédant de Revenu* pour le paiement des intérêts et pour l'extinction graduelle de toute la partie du Capital, dont il ne pourrait, sans inconvénient, conserver *indéfiniment* l'intérêt à sa charge.

Car une *Dette modérée* peut aussi présenter quelques avantages, soit pour lier toujours une partie des fortunes particulières à la fortune publique, soit pour ne pas mettre les Capitalistes dans la nécessité d'aller chercher, *dans les Fonds étrangers*, un emploi de leurs capitaux conforme à leurs convenances et à leurs habitudes.

mestre. La quantité des *Bons* qui avaient été émis, dans chaque Département, pour le paiement des *Réquisitions, était entièrement inconnue :* et à l'égard de ceux *d'arrérages de Rentes et Pensions*, comme ils étaient reçus en paiement des Contributions *dans tous les Départemens, sans distinction et sans limite*, il devenait difficile de calculer, avec quelque précision, dans quelle proportion toutes ces *valeurs* pourraient rentrer dans la caisse *de chacun* des Receveurs généraux. Plusieurs autres, créées à diverses époques, étaient aussi admises en paiement de Contributions, et il était également difficile d'en apprécier l'importance.

Ces élémens étaient pourtant d'autant plus nécessaires pour déterminer la soumission, *en numéraire effectif*, à exiger de *chaque Receveur général*, qu'un mécompte dans cette opération aurait nécessairement ramené à la *Caisse d'a-*

mortissement le paiement d'une masse d'*Obligations protestées* qui aurait pu excéder *le Fonds de garantie* qu'elle pouvait y appliquer.

Je m'arrêtai d'abord devant cette difficulté imposante. J'hésitai quelque temps si je n'ajournerais pas les *Obligations* des Receveurs généraux à l'année suivante, où je devais proposer d'établir *l'emploi exclusif du Numéraire effectif* dans les Recettes et dans les Paiemens.

Mais frappé des avantages qui devaient résulter d'une exécution plus prompte, soit pour rétablir les Recouvremens si long-temps négligés, et dont le secours était d'un besoin si pressant; soit pour procurer au Trésor *des valeurs* qui pussent au moins diminuer les embarras de son service; je finis, après y avoir beaucoup réfléchi, par m'abandonner à l'espérance, qui ne fut pas trompée, qu'avec des précautions suffisantes, je pourrais prévenir le danger qui semblait balancer ces avantages.

La difficulté, relativement aux *Bons de Réquisitions*, me parut d'abord sensiblement diminuée par les mesures qui avaient été prises, dans les premiers momens, à l'égard de cette nature de valeur *morte*, et dont l'effet devait être d'en restreindre, à peu près, l'emploi dans les Contributions des années *antérieures à l'an* 8, qui présentaient encore des restes à recouvrer très-considérables.

A l'égard des *Bons de rentes*, et des autres *valeurs* du même genre, je me fis remettre des états de celles que les Receveurs généraux avaient reçues pendant les trois années précédentes ; j'en formai, pour chacun, *une année commune* ; j'ajoutai *une forte marge* ; je déduisis une somme égale sur le montant total des Contributions *directes* de chaque Département, et j'exigeai, pour le surplus, de chaque receveur général, des *Obligations* payables *en numéraire effectif.*

J'obtins ainsi pour environ 113 millions d'*Obligations*, qui me donnèrent les moyens d'accélérer, *par la négociation*, la jouissance, pour le Trésor, de la partie des Contributions directes *de l'an* 8, que les Contribuables ne devaient acquitter que *l'année suivante.*

Ces *Obligations* réunies aux excédans que l'on perçut partout, *au-delà du montant des Soumissions ;* aux diverses *valeurs* dont j'ai parlé, et aux autres produits pour lesquels les Receveurs-généraux fournissaient, tous les dix jours, des *Bons à vue*, jusqu'à concurrence des fonds *présens dans leurs caisses,* pourvurent à la plus grande partie des besoins du Service de l'an 8.

J'avais espéré, dans le principe, assurer plus complétement ce Service et le fonder sur une base solide pour l'avenir, par le rétablissement de quelques *Droits*, particulièrement *sur le sel* que la modicité de sa valeur intrinsèque et l'importance de sa consommation ont fait juger, dans tous les pays et dans tous les temps, susceptible d'une taxe modérée au profit de l'Etat. On n'avait encore osé jusque-là rétablir que quelques Droits, *aux entrées des villes*, sous la dénomination *d'octrois de bienfaisance*, en faveur des hospices.

Mais lorsque je me décidai à faire ma proposition, elle fut ajournée *indéfiniment*.

Privé par-là d'un secours sur lequel j'avais compté, et *pour le Présent*, dont les besoins excédaient encore de beaucoup les ressources, et *pour l'Avenir*, dont le sort restait compromis, la tâche du Ministère me parut au-dessus de mes forces, dans des conjonctures surtout où *l'impuissance du Trésor* pouvait avoir des conséquences aussi graves pour *l'Ordre public*, et j'écrivis au premier Consul pour lui proposer de le remettre dans des mains plus fermes et plus habiles.

Sa réponse fut telle qu'elle ne me permit plus de calculer mes moyens, et que je dus me dévouer sans réserve.

Je persistai, dans la suite, à rappeler ma première proposition, au moment de la préparation du Budget annuel, et à représenter l'impossibilité d'élever autrement les Revenus à la hauteur nécessaire.

En l'absence de tout *Crédit* et de Perceptions *régulières*, le service du Trésor dut ne marcher en partie, pendant les premiers mois de l'an 8, que par ce qu'on appelle *des affaires*; car les transactions qui se faisaient journellement avec les *Délégataires*, et aussi avec des porteurs *d'anciens Décomptes* arrêtés par les Ministres, n'étaient pas autre chose.

Mais, vers le neuvième mois de l'année, l'exécution du nouveau Système se trouva assez avancée pour que j'aie pu renoncer à ces expédiens et proposer *un plan de service* pour le dernier trimestre, en affectant des produits *certains* aux dépenses qui devraient être acquittées dans cet intervalle. (1)

---

(1) Les opérations de détail du service du Trésor furent habilement dirigées, depuis le 20 brumaire, par feu M. Dufresne, conseiller d'état, qui avait rempli, d'une manière fort distinguée, les mêmes fonctions sous le premier Ministère de M. Necker. Il fut parfaitement secondé par M. Lemonnier ancien commissaire de la Trésorerie et alors administrateur des Recettes et de la Comptabilité.

Je tirai aussi grand secours des lumières et des connaissances du secrétaire général du Ministère (M. Dupré, aujourd'hui Commissaire général des salines), qui avait la trace de beaucoup d'opérations du dernier Gouvernement qui restaient à terminer, et dont la complication m'aurait, sans son aide, exposé à de graves erreurs, au préjudice des Finances, dans le règlement définitif de ces affaires.

L'année 1800 n'en fut pas moins encore une année de désordre. Aucun Budget ne put être arrêté pour cet Exercice, où des produits provenant de diverses années et qui se composaient *de plus de quarante espèces de valeurs*, furent versés *confusément* au Trésor : de même qu'il fallut pourvoir, indistinctement et sans aucun calcul proportionnel, sur *le numéraire* rentré, de quelque année qu'il provînt, au paiement *de l'arriéré* et *du courant* d'après les Distributions décadaires.

La seule manière de mettre un terme à une telle confusion parut être :

1°. *De séparer entièrement les restes du service de l'an 8 et des années antérieures, de celui de l'an 9, en réservant au premier toutes les ressources qui lui étaient propres;*

2°. *D'affecter les revenus de la nou-*

velle année exclusivement à ses dépenses ;

3°. De n'admettre dans ses recettes comme dans ses paiemens aucune valeur autre que le numéraire effectif ;

4°. Enfin de pourvoir, par des mesures particulières, à l'entière liquidation des *Exercices* antérieurs.

L'ensemble de ces déterminations adoptées à la fin de l'an 8 et qui établirent *la ligne de démarcation* entre les divers Gouvernemens qui s'étaient succédés jusque-là et *celui qui commençait*, décida du retour *de l'Ordre* qui pouvait seul préparer *la restauration des Finances*.

Ainsi se rétablit, à partir de l'an 9, la comptabilité *par Exercice*, dont on a contesté depuis les avantages, sans se bien entendre, et qui fit promptement disparaître le chaos amené par l'oubli des règles que l'expérience avait antérieurement consacrées (1).

Il ne s'agissait plus que de régler le mode de paiement des sommes restant dues sur le service *antérieur à l'an* 9.

A cet égard, on ne pouvait se dissimuler que les circonstances avaient dû favoriser, d'une part, de grandes exagérations *dans les prix* des marchés passés soit avec le *Directoire exécutif,* soit avec *le nouveau Gouvernement lui-même,* à

---

(1) On voit que la comptabilité *par Exercice* est celle *d'une année complète en recette et en dépense, conformément au budget arrêté pour la même année.* Or la fixation *d'un Budget* serait une mesure insignifiante, si l'exécution ne devait pas en être *justifiée* par des comptes qui embrassent *les résultats de toutes les opérations* auxquelles elle a donné lieu ; et s'il ne devait se composer que d'un *aperçu des recettes et des dépenses à faire, par le Trésor, dans le cours de douze mois,* pour les *diverses années* qui s'y trouveraient confondues.

raison de la situation dans laquelle il avait trouvé les affaires ; de l'autre, des abus multipliés dans leur exécution, *comme j'en ai donné plus haut un exemple;* qu'ainsi les Créances réclamées ne pouvaient être considérées comme aussi recommandables que celles *d'un temps ordinaire et d'un Gouvernement régulier.* Tout portait à croire qu'elles ne représentaient guère que *des restes de profits* à réaliser ou bien des valeurs *extrêmement réduites* par les négociations qu'elles avaient subies.

Ces considérations firent penser qu'il était permis de chercher les moyens de libérer l'État, pour le *Passé*, de manière à ne pas sacrifier entièrement les intérêts d'un *Avenir* encore si faiblement assuré.

Tels furent les divers motifs de la loi du 30 ventôse an 9, qui autorisa l'inscription de ces créances au Grand Livre de la Dette publique, en rendant toutefois cette inscription *facultative* pour celles *de l'an* 8 dont une partie notable appartenait *au nouveau Gouvernement* (1).

La même loi régla le sort *des Créances anciennes* dont la liquidation s'opérait en exécution de celle du 24 frimaire an 6 et qui s'acquittaient, partie en *Bons* dits *de tiers provisoire* qui avaient seulement l'*expectative* d'être inscrits *un jour* au Grand Livre et *ne portaient provisoirement aucun intérêt*, et partie en *Bons* dits *des deux tiers mobilisés*, admissibles en paiement des *bâtimens*, mai-

---

(1) Peut-être la loi du 30 ventôse aurait-elle échappé aux critiques virulentes dont elle a été récemment l'objet, si les faits avaient été mieux connus. Le retour marqué de la confiance, à l'époque à laquelle elle fut rendue, semble en avoir absous les auteurs et justifié les dispositions.

La prodigalité d'un Gouvernement ne nuirait pas moins à son *Crédit*, que son *infidélité*.

sons et usines appartenant à l'État. Ces valeurs se vendaient *à vil prix* et leur présence *sur la place* n'était propre qu'à perpétuer le discrédit.

D'un autre côté, la ressource encore importante des maisons et bâtimens nationaux ne pouvait être *d'aucun secours pour le service*, tant que le prix des ventes s'acquittait avec une *valeur morte*.

Et il arrivait de plus que la quantité des *Bons* 2/3 en circulation se trouvant de beaucoup inférieure à celle qui eût été nécessaire pour acquitter le prix des adjudications consommées, beaucoup d'acquéreurs jouissaient *gratuitement* de leurs acquisitions qu'ils dégradaient autant qu'ils y trouvaient du profit, *sans qu'ils eussent rien payé à l'État*.

Il ne pouvait être trop promptement remédié à un semblable désordre.

Néanmoins le Gouvernement jugea qu'il ne pouvait intervenir dans les arrangemens pris, avant lui, à cet égard, que *du gré des parties intéressées*, dont la condition ne devait changer que *de leur consentement*.

Il se borna donc, en faisant autoriser par la loi l'inscription au Grand Livre *du tiers provisoire* en circulation, *afin de lui assurer son intérêt*, à faire en même temps ordonner, à l'égard des *deux tiers mobilisés*, 1°. que les créanciers *qui le désireraient* recevraient le remboursement des *Bons* 2/3 en Inscriptions au Grand Livre, à raison de cinq Capitaux pour cent Capitaux; 2°. que les acquéreurs débiteurs de *Bons* 2/3 seraient tenus de se libérer (soit *en cette valeur*, soit *en numéraire*, à raison de *deux fr.* pour chaque *cent francs* dus originairement *en Bons* 2/3, ainsi qu'ils y avaient été autorisés par l'art. 7 de la loi du 11 frimaire) dans un délai, passé lequel *ils seraient déchus*; mais sans encourir la peine de la folle enchère et *avec remboursement, à leur profit*, des à-comptes par eux payés et *des améliorations constatées*, déduction faite de la valeur des jouissances depuis l'époque de leurs acquisitions.

Ces détails auraient, dans l'ordre naturel, appartenu au chapitre suivant, qui traite des opérations *de l'an* 9; mais j'ai pensé qu'ils se trouveraient convenablement placés ici, parce que les dispositions dont il s'agit furent arrêtées *dans la fin de l'an* 8 quoiqu'elles n'aient reçu la sanction législative que *dans le cours de l'année suivante.*

Ainsi s'écoula, sans troubles, la première année du *Gouvernement Consulaire* dont le début avait été si menaçant pour la tranquillité publique. C'est au milieu de ses embarras que fut improvisée cette *Armée de réserve* qui, après avoir gravi les hauteurs du Saint-

Bernard, avec une artillerie portée souvent *à bras d'hommes*, se précipita sur l'Italie où l'attendait un succès fabuleux. C'est véritablement là, *dans les champs de Marengo*, que furent fixées alors les destinées de la France pour laquelle *l'Administration* ne pouvait rien si *la Victoire* ne lui eût pas prêté son appui.

Mais aussi *la Victoire* elle-même eût été inutile si *l'Administration* n'avait pas été toute préparée pour en recueillir les fruits.

CHAPITRE II.

(de l'an 9 — 1801.)

L'AN 9 s'ouvrit sous des auspices aussi favorables que ceux de l'année précédente avaient été contraires.

Tout, au 18 brumaire an 8, menaçait d'une destruction prochaine.

Tout, au 1er vendémiaire de l'an 9, semblait présager le bonheur public, s'il avait pu être assuré par un Régime politique qui convient si peu aux Etats d'une grande étendue.

La Victoire ramenée sous nos drapeaux; la pacification du *Continent* déjà pressentie; les passions calmées dans l'intérieur par un Gouvernement dont les formes populaires tranquillisaient les esprits ombrageux et qui s'appliquait sincèrement à détruire les partis, en éteignant tous les souvenirs fâcheux : telles étaient les bases sur lesquelles se fondait l'espoir de cette belle France, naguère expirante et rappelée, comme par enchantement, à la vie.

Le Trésor si dépourvu, dix mois auparavant et dont la marche avait été si chancelante pendant l'année qui venait de finir, entrait dans le nouvel Exercice d'un pas ferme et assuré. Près de 300 millions, en *valeurs* assignées sur des revenus *d'une rentrée certaine* et éventuellement garanties par la *Caisse d'amortissement* qui venait de faire ses preuves dans les circonstances les plus critiques, se trouvaient *réunis dans son portefeuille*. Ces valeurs lui donnaient les moyens de régulariser son service, d'une part, en affectant à celui de chaque mois les *Obligations* échéant à la même époque, qu'il pouvait ou donner directement en paiement aux fournisseurs ou échanger, avec un sacrifice insensible, contre le numéraire nécessaire aux paiemens de détail; de l'autre, en négociant avec prudence celles de ces *Obligations* dont les échéances s'étendaient à l'année suivante, dans la proportion indispensable pour aligner, avec le produit de ses autres ressources qui rentraient journellement, le Service de chaque mois tel qu'il était réglé par la Distribution arrêtée par le premier Consul (1).

---

(1) Pendant une grande partie de l'an 8, la pénurie des Finances n'avoit pas permis d'apercevoir au delà du service *d'une Décade*, et il avait été, jusqu'à la fin, réglé *tous les dix jours*.

En l'an 9, la nouvelle situation du Trésor permit de ne plus régler ce même service que *par mois*.

Peut-être eût-il été à desirer que l'on eût maintenu l'usage, aboli depuis, de ces *Obligations*, dont les coupures de 1,000 à 5,000 fr. étaient commodes pour les paiemens et auxquelles la confiance qui ne pouvait leur être refusée et l'*habitude* dont on connaît la puissance, auraient fini par donner le caractère *d'un effet de portefeuille* dont la négociation aurait toujours été facile et économique pour le Trésor, quelle qu'en eût été l'échéance, dès que le *Crédit* aurait été bien affermi; enfin qui donnaient la garantie qu'il ne pouvait jamais en être émis *au delà du montant des Contributions autorisées par la Loi*. L'établissement du *Comité de Receveurs généraux*, qui n'eut qu'une durée éphémère, aurait pu offrir les moyens de perfectionner ce Système et d'en approprier les combinaisons à toutes les convenances du service, en même temps que la surveillance à laquelle ce *Comité* était soumis en aurait écarté les abus.

Je ne me permets pas au surplus de prononcer entre ce Système et celui qui lui a été substitué. Il a pu se trouver mieux approprié à des circonstances où les besoins du Trésor n'eurent aucune proportion avec ceux d'un temps ordinaire et où ses opérations dûrent prendre le caractère et l'importance de *véritables Emprunts*.

Je pense toutefois, comme j'ai eu l'occasion de le dire ailleurs, que, dans ce *Mode de Service, l'habileté personnelle* de l'Administrateur et sa surveillance de tous les momens, sont rigoureusement nécessaires pour prévenir une dangereuse confusion, et que *cette nécessité seule* peut paraître, dans le cours ordinaire des choses, un inconvénient assez grave. La perfection des machines est généralement *dans leur simplicité* qui en rend l'usage facile à tout le monde (1).

Je reviens aux détails de l'administration de l'an 9.

Tandis que le Trésor commençait à jouir d'une aisance *toute nouvelle pour lui*, les Contribuables succombaient sous le poids des impôts arriérés *des années antérieures*, et le gage des *Obligations de l'année courante* se trouvait exposé par l'impossibilité d'exiger, tout à la fois, le paiement *et du courant et de l'arriéré*

---

(1) J'ai quelquefois entendu dire que le Système des *Obligations* des Receveurs généraux ayant pour résultat de mettre une masse très-considérable de valeurs *tout à la fois* à la disposition du Ministre des Finances, se concilierait mal avec les principes du Gouvernement *Représentatif*. Cette objection aurait toute sa force si l'émission *des Bons de service* ne pouvait pas être au moins aussi favorable à des abus dont il ne semble pas que l'on puisse sérieusement redouter le danger.

dont le produit *en numéraire effectif* avait été affecté au paiement de celles des Créances de l'an 8, *pour lesquelles l'Inscription au Grand Livre n'aurait pas été demandée.*

Il avait bien été accordé, par la loi du 25 ventôse an 8 portant fixation des Contributions directes de l'an 9, *un Dégrèvement de 5 millions,* sur la Contribution foncière, en faveur des Départemens que le Gouvernement jugerait y avoir le plus de droit; et une *diminution du quart,* dans la fixation de la Contribution *personnelle et mobiliaire,* qui fut réduite de 40 à 30 millions.

Mais ces sacrifices, qui avaient satisfait *l'opinion* (particulièrement à raison *de la difficulté des temps où ils étaient faits*) et dont le Trésor devait trouver la compensation dans la facilité et dans l'exactitude de ses recouvremens, ne pouvaient remédier au mal *de l'énorme arriéré* qui existait à cette époque.

Le Gouvernement sentit donc la nécessité de faire une nouvelle concession au rétablissement de *l'Ordre* sans lequel on ne pouvait espérer l'entier retour de la confiance.

Une loi du mois de pluviôse an 9 autorisa en conséquence les Administrations locales à accorder, sur les Contributions *des années antérieures*, toutes les décharges et modérations qu'elles jugeraient convenables. Les Contribuables, ainsi allégés de la partie de ce fardeau qui excédait leurs forces, satisfirent avec zèle au paiement des Contributions courantes et, d'année en année, le recouvrement devint d'autant plus facile et d'autant plus assuré; ce qui mit l'Administration à même de rapprocher de plus en plus les Termes des Soumissions des Receveurs généraux et de diminuer par-là *les frais de négociations* qui réduisaient d'autant les ressources (1).

L'opération la plus importante de cette deuxième année fut le paiement qui avait été ordonné, pour le second semestre de l'an 8, par une loi du 23 thermidor, des Rentes et des Pensions *en numéraire effectif*. Elles avaient été payées jusque là, d'abord *en Assignats* dont la valeur successivement réduite avait fini par tomber à rien; ensuite et depuis le retour du numéraire, avec *des Bons* que

(1) Cette opération, qui semblait se justifier par ses résultats, devint, plus tard et lorsque les premiers dangers furent oubliés, la cause de quelques désagrémens personnels. On m'accusa auprès du Gouvernement d'avoir *légèrement* proposé le sacrifice *de restes à recouvrer considérables*; (comme s'il eût été possible d'en concilier *la perception rigoureuse* avec le rétablissement d'un recouvrement *régulier!*) et je pus m'apercevoir que cette accusation avait pris d'abord quelque Crédit.

Ces *Nuages* passèrent et le *Bien* resta.

les Rentiers et Pensionnaires pouvaient donner en paiement de leurs Contributions ou négocier *sur la place*, à une perte plus ou moins forte, suivant le *Cours* que l'agiotage leur assignait.

Ce mode de paiement qui ne donnait dans la réalité aucun profit au Trésor, puisqu'il recevait *de moins*, *en numéraire*, le montant *des Bons* qu'il était forcé d'admettre en paiement des Contributions, était tout au détriment du *Crédit*. Il causait également aux créanciers un véritable préjudice.

Cependant tel est le pouvoir de la défiance et de l'habitude que la résolution de rétablir le paiement de la Dette publique *en numéraire* avait inspiré une sorte de terreur à cette classe des créanciers de l'Etat qui craignit que cet engagement ne pût être rempli et que son sort ne devînt pire qu'auparavant.

Cette inquiétude pouvait à la vérité

paraître assez naturelle à une époque à laquelle le nouveau Système de Finances, qui se fondait dans le silence du cabinet, était inconnu ou mal apprécié, même de plusieurs des hommes nouvellement appelés à prendre part à l'administration des affaires publiques. On ne parut faire aucune attention à une mesure qui était *décisive* pour le succès, celle de remettre une masse *d'Obligations* de Receveurs généraux *égale au montant de la Dette à la Banque de France* pour qu'elle en fît le recouvrement et qu'elle en appliquât *directement* les produits au paiement des créanciers. Le Trésor se trouvait ainsi *dessaisi* de cette portion de Revenu qui cessait d'être à sa disposition, sans que ses moyens, pour les autres parties de son service, en fussent *réellement diminués*, puisqu'il était tout-à-fait indifférent pour lui ou de renoncer au recouvrement de cette masse d'*Obligations*, en se déchargeant du paiement des Rentes et Pensions, ou de recevoir pour comptant, comme il le faisait auparavant, en paiement des Contributions, les *Bons* délivrés aux Rentiers et Pensionnaires, pour leurs arrérages. Dans ce dernier système, il était également privé d'une quantité *de numéraire* égale au montant des *Bons* qu'il avait donnés en paiement *de la Dette*; mais, par le nouveau mode adopté, les Créanciers *profitaient* de tout ce que l'agiotage leur avait fait perdre jusque-là, sans qu'il en fût résulté le moindre bénéfice pour le Trésor.

Néanmoins les esprits ne furent pleinement rassurés que par l'exactitude avec laquelle les arrérages du 2d. sémestre de l'an 8 furent acquittés par la Banque dans les Termes fixés par la loi. Elle continua de les payer avec la même ponctualité jusqu'à l'époque où la situation améliorée des Finances fit penser au

Ministre auquel la direction du service du Trésor fut particulièrement confiée en l'an 10, que l'on pouvait désormais lui laisser le soin d'acquitter *directement* cette dette sacrée.

Le service essentiel que la Banque de France rendit, dans cette circonstance, au Gouvernement justifia la prévoyance qui l'avait porté, dans des momens bien difficiles, à consacrer près de la moitié des cautionnemens des Receveurs généraux à la fondation de cet utile établissement.

Le *Crédit* reçut aussi quelque appui de l'exécution des Dispositions de la loi du 30 ventose an 9, concernant le paiement *des anciennes créances liquidées en vertu de celle du 24 frimaire an 6.*

Le soin que le Gouvernement avait pris de faire entrer les porteurs du *tiers provisoire*, en jouissance de *leurs inté-*

rêts ; de même que *le respect qu'il avait montré* pour les engagemens contractés envers les créanciers de *Bons deux tiers*, auxquels les maisons et bâtimens nationaux avaient été abandonnés, ne furent pas perdus pour lui.

L'autorisation accordée aux porteurs de ces *Bons* de les échanger contre des *Inscriptions au Grand Livre*, dans la proportion d'*un quart pour cent* de la somme présentée à l'échange, fut accueillie avec un empressement tel que, sur 198 millions de ces *Bons* qui étaient en circulation à l'époque de la loi, 130 millions furent convertis en *Inscriptions* dans les six derniers mois de l'an 9.

Il est vrai que cet emploi des *deux tiers mobilisés* offrait un avantage marqué aux Créanciers qui réalisaient avec certitude, sur le pied de *cent sous*, une valeur dont le *Cours* avait presque toujours été au-dessous de *quarante sous*, et qui serait tombée à un taux plus bas encore, si une *émission précipitée* les avait multipliés sur la place.

Mais ces Considérations elles-mêmes auraient été sans effet si la marche et les opérations du Gouvernement n'eussent pas déjà ranimé la confiance au point d'engager les porteurs de bons 2/3 à préférer une *Inscription au Grand Livre* à l'exercice du droit qu'ils avaient d'employer leurs titres à l'acquisition des *immeubles* qui leur avaient été délégués.

Ce qui s'était passé à cet égard, depuis la loi du 30 ventôse, ne permettant plus de douter que l'avantage de ses Dispositions n'eût été généralement senti, le Gouvernement dut être persuadé qu'il irait au-devant du vœu de tous les créanciers qui connaissaient leur véritable intérêt, en généralisant une mesure sur laquelle l'opinion publique paraissait suffisamment prononcée.

Il se détermina donc, à la fin de l'an 9, à proposer d'ordonner qu'il ne serait plus fait de Liquidations *en Bons 2/3*; qu'elles se feraient de suite en *Inscriptions au Grand Livre*; que les *Bons 2/3* restant en circulation seraient pareillement inscrits, sur le pied réglé par la loi du 30 ventose, pour toutes les parties de 50 francs de rente et au-dessus; et qu'il ne serait délivré à l'avenir de certificats du Liquidateur général, *valeur de Bons deux tiers*, que pour les parties qui ne produiraient pas 50 francs de rente, afin d'en faciliter la réunion pour obtenir l'*Inscription* qui ne pouvait avoir lieu pour une somme moindre que 50 francs de rente.

Tous les intérêts furent conservés par ces Dispositions qui furent ultérieurement consacrées par une loi du mois de floréal an 10 et qui procurèrent au Gouvernement l'avantage, *après s'être loyalement acquité*, de se trouver *dégagé de toutes entraves* pour la vente, *en numéraire effectif*, au profit du Trésor, des maisons, bâtimens et usines dont la valeur *estimative* était encore, à cette époque, *de plus de* 68 *millions* qui en promettaient au moins 80 avec le bénéfice *des enchères.*

C'est ainsi que l'hommage rendu à *la Loyauté* par *la Puissance* finit toujours par tourner, de quelque manière, à son profit.

Soulagé d'une grande partie des sollicitudes que le Service du Trésor, et le Rétablissement des Perceptions avaient données l'année précédente, je pus fixer plus particulièrement mon attention sur l'organisation et la marche des diverses Administrations placées dans les Attributions du Ministère des Finances.

La Révolution avait introduit partout le système des Administrations *collectives* plus propres généralement à la *déli-*

bération qu'à *l'exécution* dont personne, dans ce système, ne se trouve directement responsable. On sait d'ailleurs combien la réunion d'hommes *parfaitement égaux en droits, entièrement indépendans les uns des autres*, consomme de temps, d'abord pour se rassembler ; ensuite pour se mettre au travail ; enfin pour amener une Délibération à un Résultat. Tous les détails étant assujettis à ces formes lentes, *l'exécution* languit nécessairement, puisque l'administration n'existe que par son action perpétuelle *sur les détails*. Ainsi, où cette action est entravée, il n'y a réellement point *d'administration*.

Le moyen de remédier à ces inconvéniens parut être de placer à la tête de chaque Administration un *Directeur général* chargé *d'exercer la surveillance* dont le Ministre ne pouvait s'acquitter par lui-même; d'assister aux délibéra-

tions; d'en mettre les résultats sous les yeux du Ministre; de prendre ses décisions sur les objets qui en étaient susceptibles; de soumettre à son approbation le paiement de toutes les dépenses administratives; enfin de transmettre ses ordres, d'en diriger et d'en activer l'exécution.

Cette institution ne tarda pas à porter ses fruits. Des améliorations sensibles se firent bientôt remarquer dans toutes les parties et l'on eut constamment à se féliciter de s'être ainsi rapproché du Régime qui avait existé sous l'antique Gouvernement de la France. (1)

---

(1) Il est vrai que les places de *Directeurs généraux* furent confiées à des magistrats qui réunissaient à un mérite généralement reconnu une grande expérience des affaires qu'ils étaient appelés à diriger.

Les Douanes furent confiées à M. le comte de Sussy, le même qui, chargé depuis du nouveau

L'Administration de l'Enregistrement, composée d'hommes instruits et laborieux, avait traversé *la Révolution* sans être entamée, et la confiance dont elle avait constamment joui avait déterminé, d'abord, à lui réunir l'administration *des forêts*; ensuite, à la charger du recouvrement de l'impôt *des Patentes*, à l'époque de leur rétablissement en l'an 5.

Je n'avais pas tardé à remarquer les inconvéniens de ces attributions nou-

---

Ministère des manufactures et du commerce, rendit d'importans services dans la disette de subsistances qui se fit sentir en 1812.

M. le comte du Châtel fut chargé de l'*Enregistrement* dont il avait plus anciennement, comme Rapporteur au Conseil des Cinq-Cents, posé les bases dans la loi du 22 frimaire an 7.

M. le comte Bergon, aujourd'hui membre du Conseil du Roi, fut placé à la tête de l'Administration *des forêts*, à l'organisation de laquelle il avait essentiellement concouru.

velles confiées à une Administration qui, déjà chargée de tous les détails de celle des *Domaines nationaux*, ne pouvait donner à ces nouveaux objets une attention suffisante et dont les fonctions habituelles, particulièrement pour la première partie, n'avaient d'ailleurs aucune analogie avec le genre de surveillance dont on lui avait imposé le devoir.

Aussi *les Forêts*, cette portion si précieuse du Domaine public, étaient-elles tombées dans un état déplorable. Abandonnées par des Gardes sans direction et souvent sans salaire, elles avaient été partout livrées à la dévastation des brigands ou à l'usurpation des Communes. Un nouvel aménagement des bois, opération immense sous le rapport de l'étendue des forêts, du nombre des Propriétés dont elles étaient limitrophes, et des intérêts divers à concilier, devenait indispensable. Il ne pouvait être opéré que par une Administration *spéciale* qui n'eût pas d'autres soins. Elle fut organisée par une loi du 16 nivôse an 9.

Personne n'a contesté tout le Bien que cette Administration a fait. Les Propriétaires qui étaient sortis de France pendant *la Révolution*, en rentrant dans leurs Propriétés, ont tous rendu hommage à la manière dont elles avaient été conservées et beaucoup y ont trouvé d'importantes ressources dans les *Réserves* qui avaient été sagement ménagées.

De tels Résultats ne semblaient plus permettre de doutes sur la convenance de maintenir une Institution qui avait aussi complètement rempli l'objet de sa création.

Ces doutes se sont élevés pourtant et la Conservation des forêts a été récemment rendue à la même Administration dont l'impuissance leur avait été si funeste. Un motif toujours louable en lui-même, celui de l'économie, a déterminé ce retour à un Ordre de choses qui (l'intérêt public commande de le dire) produira *nécessairement les mêmes effets.* Pour peu que ce Régime dure, il causera infailliblement une perte, *en Capital,* centuple de la réduction insignifiante que l'on a obtenue dans les frais annuels de Conservation, *et le mal ne se fera remarquer que lorsqu'il sera devenu irréparable;* sans que toutefois le reproche puisse en être adressé aux Agens d'une Administration instituée pour un service *tout différent* et dont elle s'est toujours acquittée d'une manière digne d'éloges.

La perception *des Patentes* n'était pas moins déplacée dans les mains de la Régie de l'Enregistrement que la Conservation *des forêts.* Les inconvéniens étaient seulement d'une autre nature. Les frais de ce recouvrement étaient accablans pour les contribuables parce que les poursuites ne s'opéraient que par les *voies judiciaires*. Les Exécutoires de ces frais devaient, aux termes de la loi, être visés par le Ministre des Finances, et je fus effrayé de voir dans les premiers qui me furent présentés des taxes *de frais d'huissiers* qui excédaient trois ou quatre fois, souvent plus, le montant de la Cote qui y avait donné lieu.

D'un autre côté, le recouvrement s'en trouvait, en partie, *arriéré de plusieurs années*, en sorte que les Contribuables et le Trésor étaient également en souffrance.

Je proposai de réunir la perception de cette Contribution, qui avait tous les caractères d'un *Impôt direct*, à celle des autres Contributions de même nature. Je la fis soumissionner comme les autres par les Receveurs généraux et elle n'a pas cessé depuis de se faire avec d'autant plus d'exactitude que le sort des Contribuables se trouvait sensiblement amélioré par l'extrême diminution *des frais de poursuites* qui antérieurement (et pour la Classe la plus malheureuse) *triplaient* et *quadruplaient* l'impôt.

Après avoir procuré aux Contribuables un soulagement que la justice autant que l'intérêt bien entendu du Gouvernement réclamait pour eux, je dus m'occuper de faire cesser une faveur qui blessait, à leur profit, les droits légitimes du Trésor.

Les Forêts nationales avaient été, comme toutes les autres Propriétés, assujetties par la loi de 1790 à la Contribution foncière. On peut dire que c'avait été une exagération du principe qui n'admettait aucun privilége, *en matière d'impôt*. On ne pouvait guère s'attendre à ce que les Préposés d'une *Administration* défendissent l'intérêt de *Propriétés publiques* avec le zèle que *des Propriétaires particuliers* mettent à défendre *leurs intérêts propres*. On devait plutôt penser que *les Répartiteurs* profiteraient de la liberté qui leur en serait laissée pour rejeter *sur les Forêts* la plus forte partie du fardeau imposé aux Communes. C'est aussi ce qui était arrivé; et je remarquai dans les états des recettes et des dépenses qui m'étaient remis, chaque mois, que les sommes payées par la Régie de l'Enregistrement pour la Contribution *des bois de l'Etat* n'avaient aucune proportion avec leur Revenu *net* qui ne dépassait pas alors 25 millions.

Ces paiemens s'élevèrent, pendant l'an 9, *de 11 à 12 millions*.

Je proposai donc d'affranchir cette partie du Domaine public de toute Contribution, en diminuant les Contingens des Départemens où les bois étaient situés d'une somme égale au *cinquième* du Revenu net qu'ils donnaient à l'Etat.

Cette Disposition conforme à la Justice, produisit *une amélioration permanente, de plusieurs millions*, dans les Revenus publics. (1)

Dès les premiers momens de mon Ministère, des plaintes m'étaient parvenues de toutes parts sur l'inégalité de la Répartition de la Contribution foncière. Il semblait n'être question alors que de la différence qui existait dans la fixation *des Contingens des divers Départemens*; et après qu'il y eut été pourvu *provisoirement* par le dégrèvement de 5 millions

---

(1) L'effet de la diminution accordée aux Départemens *de la situation des bois* fut affaibli par la nécessité où se trouva le Gouvernement de proposer l'imposition *d'un nouveau centime additionnel* pour rétablir *l'équilibre* entre le produit des centimes imposés jusque-là pour *les dépenses administratives des Départemens* et la somme que le *Trésor* était réellement obligé de fournir pour ces dépenses, qui le constituaient dans une *perte effective* de plus de deux millions par an.

dont j'ai parlé plus haut, je m'étais occupé de rassembler, par l'entremise des Conseils généraux et des Préfets, des renseignemens *sur la masse imposable de chaque Département*, qui pussent me mettre en état de proposer les rectifications nécessaires dans le Répartement général.

Mais les Résultats qui me parvinrent se trouvèrent d'une inexactitude telle que, si j'avais dû les prendre pour certains, le Revenu territorial de la France qui, avant l'accroissement du Territoire, était estimé à 1200 *millions*, n'aurait plus été que de 850 lorsque ce même Territoire *était agrandi d'un cinquième*.

Je reconnus donc l'impossibilité de rien faire de bien avec de tels renseignemens.

Cependant les réclamations se multipliaient et devenaient si générales et si vives que le Gouvernement ne put se dissimuler la nécessité de s'occuper sérieusement des moyens de tranquilliser les esprits. Le compte des mesures qui furent arrêtées sur cet important objet appartient aux détails des opérations de l'année suivante.

Les Revenus ordinaires de l'an 9 produisirent à peu près 451 millions.

La Dépense, y compris 38,731,800 fr. pour la Dette perpétuelle, s'éleva *à* 100 *millions* au delà des Revenus *ordinaires*. Il y fut pourvu, en partie, par des Ressources tirées du prix des Domaines vendus; du produit des Rachats de Rentes foncières, etc., et en partie par une opération *de Crédit* qui fut arrêtée plus tard et dont je rendrai compte dans l'un des chapitres suivans.

Ainsi un déficit *de* 56 *millions* avait été la cause ou le prétexte *de la Révolution;*

Et ce déficit se trouvait porté *à* 100 *millions* en l'an 9!

Il est vrai que, dès l'an 10, les Revenus favorisés par le rétablissement de la Paix maritime et par une administration plus soignée dans les détails, s'accrurent de près de 40 millions et que les dépenses diminuèrent d'environ 50 millions; ce qui rétablissait à peu près l'équilibre.

Mais il fallait, pour le conserver, renoncer à toute réduction nouvelle *sur la Contribution foncière* qu'il convenait cependant de ne pas maintenir toujours sur le même pied; de même que sur le *Droit d'Enregistrement* dont la formalité fait payer bien chèrement *par la Propriété* le service, *d'ailleurs très-réel*, qu'elle lui rend.

On restait de plus exposé à se trouver tout-à-fait *au dépourvu* dans le cas d'une nouvelle guerre qui aurait exigé une augmentation de ressources. On ne pouvait l'espérer d'un système de Contributions qui n'offrait déjà plus que de faibles chances d'améliorations que la guerre elle-même aurait détruites, en affaiblissant encore une partie des Revenus ordinaires.

Ces Revenus diminuaient d'ailleurs inévitablement, chaque année, par l'effet des aliénations *de Domaines nationaux,* dont les fermages faisaient partie des Recettes ordinaires du Trésor.

Le rétablissement de *Droits sur les consommations* était donc indispensable pour donner les moyens d'encourager *la Reproduction* par la diminution des Impôts *directs* et d'assurer, en cas d'attaques extérieures, la Défense du Territoire.

CHAPITRE III.

(de l'an 10 — 1802.)

J'arrive à la plus heureuse, quoiqu'elle n'ait pas été la plus brillante, des quatorze années du dernier Gouvernement.

Tranquille au dedans, respectée au dehors, la France avait enfin obtenu cette Paix pour laquelle elle avait si long-temps combattu. L'active industrie de ses habitans ne connaissait plus d'entraves; elle était admise au partage du Commerce du monde. Le feu des passions s'amortissait, de jour en jour, dans l'intérieur et l'Ordre régnait dans toutes les branches de l'administration publique.

Tout le bien qui restait à faire semblait ne devoir plus être que l'ouvrage du temps.

Dans cette année prospère, le Ministère des Finances n'éprouva aucune difficulté, aucun embarras. La tâche personnelle du Ministre se trouvait sensiblement allégée par la création d'un Ministère particulier pour la direction *du service du Trésor*. L'intention que le premier Consul avait annoncée, l'année précédente, d'en suivre désormais de plus près et d'en diriger, autant qu'il le pourrait, les opérations avait rendu cette création indispensable. Un homme tout entier devenait nécessaire pour suffire à la multitude de rapports qu'il exigea journellement sur les plus petits détails. La nécessité de cette création devint plus sensible encore lorsque plus tard il fallut, *de Paris*, pourvoir à tous les paiemens *à de si gran-*

des distances et sur tant de points divers (1).

Le Ministre des finances devenu étranger à l'exécution de ce service important n'eut plus à s'occuper que de la *Partie Administrative* proprement

---

(1) Je crois cependant utile de faire observer que la séparation de deux parties aussi étroitement unies que *l'Administration des Finances* proprement dite et *le service du Trésor*, n'avait pu exister pendant douze années que par l'influence personnelle que le Chef du Gouvernement exerçait sur l'ensemble comme sur les détails. Dans un ordre de choses différent, les entreprises de deux autorités rivales sur leurs attributions respectives, toujours si faciles à excéder de part ou d'autre, porteraient bientôt le trouble dans les opérations des Administrations secondaires qui ne sauraient auquel entendre et, en cas de divergence dans les ordres donnés, auquel elles devraient obéir; et il est vrai de dire que, sous le dernier Gouvernement lui-même, cet inconvénient s'est quelquefois fait sentir par la seule force des choses et sans aucune intention reprochable.

dite qui embrassait la spéculation et la préparation du *Budget* à soumettre annuellement au Corps Législatif.

L'attention de l'Administration, dans ce moment de calme, dut se porter principalement sur les moyens de remédier aux inégalités que l'on se plaignait d'éprouver dans la répartition de la Contribution foncière; et en effet si le Gouvernement avait dû consacrer ses premiers soins à la rentrée des Deniers publics, parce que c'était le premier besoin, il n'était pas d'un devoir moins étroit pour lui d'assurer enfin aux Contribuables, qui avaient donné tant de preuves de zèle, la justice qu'ils avaient droit de réclamer.

Je proposai de soumettre mes vues à cet égard à la discussion d'une *Commission extraordinaire* composée de sept personnes instruites dans cette matière et appelées de divers points de la France.

Cette Commission fut établie par un arrêté du mois de floréal an 10.

Une loi du 23 septembre 1791 avait consacré le Principe et déterminé les Règles d'un Cadastre *parcellaire* afin d'assurer *à tous les Contribuables un traitement égal;* mais la Commission effrayée de la durée et de la dépense d'une semblable opération proposa un Cadastre par *masses de culture.* Cette proposition fut adoptée d'abord *en Principe;* puis modifiée provisoirement *dans l'exécution,* sur l'avis d'une réunion composée de membres du Tribunat, du Corps Législatif et du Conseil d'État, qui jugèrent que l'on pourrait s'en tenir à faire arpenter et expertiser un petit nombre de Communes *choisies dans divers Cantons de chaque Département,* pour fixer ensuite, *par analogie,* les Revenus de *toute la France.*

Il était difficile de n'être pas frappé

de l'impossibilité de parvenir, par une telle voie, à un *Répartement général* qui pût satisfaire ceux des Départemens pour lesquels il en serait résulté *une augmentation de charges*. Il était évident d'ailleurs que l'on ne pouvait attendre de ce travail aucun moyen de reconnaître et de rectifier les inégalités *individuelles*.

Cependant cet avis prévalut, malgré la résistance de la Commission spéciale et la mienne, et les mesures furent prises pour l'exécution de l'arpentage *partiel* qui avait été adopté.

L'opération eut lieu dans dix huit cents Communes choisies dans tous les Départemens ; et lorsque les Expertises *en masse* furent terminées, les Préfets furent chargés de faire, à l'ensemble de leurs Départemens respectifs, l'application des Résultats obtenus.

Tous, en m'adressant ce travail, me supplièrent de n'en faire *aucun usage*, tant il leur paraissait s'éloigner de toute idée *d'Egalité proportionnelle.*

Je ne crus cependant pas devoir faire plus encore que de proposer de pousser plus loin l'opération *de détail* afin d'obtenir, s'il était possible, des bases moins incertaines ; mais je pris en même temps la résolution de porter cette même opération à sa dernière limite dans chaque Commune ; c'est-à-dire *jusqu'à l'application de ses résultats à la Cotisation individuelle* afin de parvenir, s'il était possible, à connaître les inégalités qui devaient exister *entre les Propriétaires.*

Ce travail, tout imparfait qu'il fut, me conduisit à reconnaître que l'inégalité devait être incomparablement plus forte de *Propriétaire* à *Propriétaire,* que de *Département* à *Département.* Je trouvai dans chaque Commune des Propriétaires imposés *au quart, au tiers,* et jusqu'à *la moitié et plus* de leurs Revenus *suivant l'expertise;* d'autres qui ne payaient que *le* 10e, *le* 20e, *le* 30e, *le* 50e, et jusqu'*au* 100e *et au-dessous*.

Ces données que je présentais fréquemment au chef du Gouvernement finirent par le convaincre, comme je l'étais moi-même, que tout ce qui ne conduirait pas à rectifier *la cotisation individuelle* ne serait, en dernière analyse, d'aucune utilité, et les plaintes qui se multipliaient partout sur les imperfections de l'opération *par masses de culture* ne permettaient plus d'en espérer ce résultat nécessaire; mais *cinq à six ans* et 20 *millions* avaient déjà été consommés lorsque l'on se décida enfin à revenir à l'exécution de la loi de 1791 qui avait indiqué un cadastre *parcellaire;* le seul en effet qui pût convenir pour préparer l'assiette régulière d'un impôt de *quotité*. Car telle est réellement la nature de la Contribution foncière qui avait remplacé, en 1791, l'ancien impôt *des vingtièmes*. Une disposition des lois constitutives de cette Contribution portait en conséquence *que tout Propriétaire qui justifierait payer plus du cinquième de son Revenu serait réduit à cette proportion;* et c'était pour arriver à connaître le véritable Revenu *de chaque Propriété* que la loi de 1791 avait posé le principe du *Parcellaire*. L'Assemblée Constituante n'avait donc pas eu la prétention de parvenir à l'égalité proportionnelle *entre les Départemens*, autrement que *par la fixation uniforme des taxes individuelles*.

A la vérité cette intention de la loi avait dû échapper à ceux qui, sans avoir donné une attention suffisante à l'ensemble du système qu'elle établissait, s'étaient arrêtés à la première apparence et n'avaient pu reconnaître un impôt *de quotité* dans une Contribution dont le produit *était déterminé d'avance*, quoique *la Masse* des Revenus qui devaient la supporter *fût encore inconnue*.

Mais, en examinant les choses de plus près, ils auraient facilement aperçu que si, d'un côté, l'Assemblée constituante avait été obligée de porter dans son Budget une somme *fixe* pour la Contribution qu'elle venait de créer et qui devait constituer désormais *la principale branche* du Revenu public; de l'autre, elle avait eu la précaution de prendre pour base une estimation des Revenus généraux *inférieure à leur montant présumé*: en sorte qu'elle pût être à peu près certaine qu'aucun Propriétaire ne serait obligé de payer *plus du cinquième* de son Revenu; ce qui conciliait, autant qu'il était possible, le principe de l'impôt de *quotité* avec la nécessité d'assigner *provisoirement* aux divers Départemens des Con-

tingens dont l'ensemble pût donner une somme *déterminée* au Trésor.

J'aurai l'occasion de reparler de cette opération dans le chapitre de 1807, époque de la substitution du *Parcellaire* au Cadastre par *masses de cultures*.

Le Service des Douanes fut réorganisé en l'an 10. La ligne de ces Douanes reçut une première augmentation de forces pour contenir et écarter la contrebande. Des entrepôts furent ouverts dans les principaux ports aux marchandises étrangères avec les précautions nécessaires pour en prévenir les abus.

Ces dispositions, dont le retour de la paix favorisa l'effet, produisirent une augmentation assez importante dans les produits qui, de 17 millions environ qu'ils avaient rendus *net*, en l'an 9, furent portés à près de 31 millions, en l'an 10, déduction faite de 10,125,000 francs pour les dépenses administratives de toute nature.

Le Gouvernement pénétré de l'importance et pour l'Etat et pour les particuliers de favoriser par tous les moyens *le Crédit*, profita des premiers momens de tranquillité pour donner un nouveau degré de régularité à l'acquittement des arrérages de la Dette publique. Il fut ordonné par la loi du mois de floréal an 10 qu'à partir de l'an 11, le paiement de ces arrérages s'effectuerait, pour chaque semestre, *dans le mois qui suivrait le semestre expiré.* Cette disposition fut ponctuellement exécutée pour le second semestre de l'an 10. Ce paiement fut, dans la suite, étendu à trois mois après que la Banque eut cessé d'en être chargée et lorsque le Gouvernement jugea qu'il pouvait donner cette facilité au Trésor sans que *le cours* de la Rente, alors affermi, dût en souffrir; mais le terme de trois mois n'a, depuis, jamais été dépassé; et dès lors la mesure était sans inconvénient pour les créanciers qui avaient l'assurance d'être toujours payés de chaque semestre *à la même époque*.

Cette disposition fut au surplus d'un grand soulagement pour le Trésor dont les difficultés sont *notablement augmentées* par la nécessité de payer *à Paris* avec des fonds qu'il est obligé d'y appeler *de tous les Départemens*.

Les recettes *ordinaires*, qui s'étaient arrêtées à environ 451 millions en l'an 9, s'élevèrent, en l'an 10, à 488,500,000 fr.

La dépense se réduisit à peu près à 500 millions.

Ainsi une faible amélioration dans le produit des Contributions *ordinaires* ou bien une légère diminution dans les Dépenses générales aurait suffi seule, à cette époque, pour rétablir l'équilibre entre les Dépenses et les Revenus.

La Dette *perpétuelle* ne montait alors qu'à 42,600,000 francs et elle s'était arrêtée depuis à 63,300,000 francs, *après la clôture de la Liquidation générale* dont les opérations étaient confiées à un Conseil particulier *entièrement indépendant du Ministère des finances* (1).

Les droits sur les Boissons et sur le Sel n'avaient point encore été établis et, dès la deuxième année de leur établissement, ils produisirent près de 100 millions.

Si donc la paix s'était consolidée en l'an 10, l'établissement de ces Droits aurait donné les moyens de réduire les Contributions *directes* d'une somme impor-

---

(1) Je n'ai point à justifier la suppression de ce Conseil, ordonnée en 1810 et à laquelle le Ministère des Finances n'eut aucune part à prendre. Je ferai seulement observer qu'elle dut être déterminée par la même *Raison d'Etat* qui, depuis, a fait juger que *l'Intérêt public* ne permettrait pas *de revenir sur cette Disposition.*

tante, en conservant encore, pour des événemens imprévus, une *Marge* qui aurait pu être provisoirement employée à des améliorations intérieures, sans rien ôter aux moyens puissans déjà donnés à la Marine qu'il importait de rétablir sur un pied respectable.

Ce résultat, appuyé sur des calculs dont on ne peut contester l'exactitude, répond à tout ce qu'on a dit, dans ces derniers temps, des services que l'on a prétendu que le *renouvellement continuel de la guerre* avait rendus *aux Finances* sous le dernier Gouvernement.

CHAPITRE IV.

(de l'an 11 — 1803.)

La France avait à peine goûté les premières douceurs de la paix, que le flambeau de la guerre se ralluma, *pour ne plus s'éteindre*, par la rupture du *Traité d'Amiens*.

Cette circonstance, dont il eût été difficile alors de calculer les suites, *décida de sa destinée*. L'accomplissement en fut seulement retardé par les prodiges de la Valeur et du Génie; mais l'issue des événemens qui, pendant les dix années suivantes, ont ébranlé l'Europe, était déjà prononcée par les Décrets dont la puissance inaperçue gouverne les Choses humaines.

A partir de l'an 11, le Résutat des Recettes et des Dépenses annuelles n'offrirait plus aucun intérêt.

Les premières se grossirent successivement des Contributions des Pays conquis ou réunis et n'eurent par conséquent plus aucun rapport avec les Revenus *naturels* de la France, telle que nous venons de la considérer.

Les Dépenses prirent en même temps un accroissement proportionné aux efforts que le Gouvernement eut à faire pour se mettre en mesure de résister à l'Europe conjurée contre lui.

Le détail de ce qui fut perçu et de ce qui fut dépensé, chaque année, ne pourrait donc conduire à aucun résultat propre à fixer l'opinion sur la marche de la dernière *Administration des Finances*.

Les développemens que j'ai donnés dans les chapitres précédens ont fait connaître l'ensemble de son Système qui a été complété, aussitôt que la disposition des esprits a paru le permettre, par l'établissement des mêmes Droits *sur les consommations* qui se perçoivent encore aujourd'hui.

Je crois donc pouvoir écarter de mon travail tout ce qui tient aux *recettes* et aux *dépenses* effectuées depuis l'an 11 dont les détails se trouvent dans les Comptes de finances et plus particulièrement dans ceux du Ministère du Trésor qui ont été publiés annuellement, pour me borner à présenter les opérations *purement administratives* qui ont eu lieu, chaque année, *dans le cercle des attributions du Ministère des Finances* soit dans l'intérêt du *Crédit* soit dans celui des divers besoins de la Société.

Deux objets principaux fixèrent en

l'an 11 l'attention du Gouvernement: les Monnaies et la Dette publique.

§. 1er.

Des Monnaies.

L'altération d'une partie de nos Monnaies et les embarras que causait la différence *de la Livre tournois au Franc,* portaient dans toutes les transactions un désordre qui appelait un prompt remède.

Une loi du 22 vendémiaire an 4 avait posé les principes fondamentaux du nouveau système *monétaire* qui est une application heureuse du nouveau système *métrique.* Ainsi les monnaies françaises ont, de même que les *mesures* et les *poids*, une base immuable prise *dans la Nature.*

La même loi de l'an 4 avait déterminé

le *titre* et le *poids* des monnaies. Elle avait aussi créé une *unité monétaire réelle* qui n'avait existé que *fictivement* jusque-là sous le nom de *Livre Tournois*. Cette *unité* est *le Franc*, du poids de 5 grammes, au *titre* de *neuf dixièmes* d'argent fin et *d'un dixième* d'alliage. Les autres pièces d'argent ne sont que des multiples ou des fractions de cette *unité* qui doit être invariable sous le double rapport du *poids* et du *titre*.

Le Calcul *décimal* avait été adopté simultanément et, par un heureux hasard, on avait pu, sans s'écarter sensiblement du *titre* des anciennes espèces, exprimer le nouveau, *en décimales*, de la manière la plus simple : $\frac{9}{10}$ ou $\frac{90}{100}$ ou $\frac{900}{1000}$; en sorte que, pour connaître la valeur intrinsèque de nos monnaies, il devait suffire de soustraire *un dixième* de leur poids.

Les monnaies d'or et d'argent reçurent

un *titre* uniforme énoncé par la même expression.

Enfin l'échelle du *titre* fut poussée à un plus haut degré que dans l'ancien système où toute masse d'or était représentée par 768 parties et celles d'argent par 288 ; tandis que, dans le nouveau, toute masse d'or ou d'argent indistinctement se divise en mille parties dont le numérateur indique le *titre* de l'objet que l'on considère.

La loi du 7 germinal an 11 consacra les bases de la loi de l'an 4 et en améliora les dispositions, en réduisant la tolérance *du titre* de l'argent, de 7 millièmes en dedans et autant en dehors, à 3 millièmes seulement ; et celle *du poids*, de 5 millièmes, également à 3.

Celle de l'or, *pour le titre*, était de 5 millièmes ; et *pour le poids*, de 2 millièmes et demi en dedans et autant en dehors : elles furent réduites toutes les deux au même taux de 2 millièmes.

La nouvelle Loi répara aussi une omission essentielle de celle de l'an 4, en déterminant avec précision la retenue à faire sur les matières d'or et d'argent destinées à être converties en espèces. Elle posa les bases du prix de ces matières et c'est sur ces bases et d'après la valeur intrinsèque de la nouvelle *unité monétaire* que les tarifs furent établis par un arrêté du Gouvernement.

Enfin il fut ordonné que les pièces fabriquées dans les divers hôtels des monnaies seraient toutes essayées *à Paris*, avant qu'elles pussent être émises, afin d'obtenir une garantie certaine de la fidélité des espèces livrées à la circulation. Le Gouvernement ajouta encore à cette garantie en prescrivant à l'Administration de faire rechercher, chaque année, dans la circulation, plusieurs pièces de chacun des hôtels des monnaies afin de les soumettre à un essai particulier. Le procès-verbal des résultats de cette opération fut joint au compte annuel de l'Administration des Finances.

Une question importante s'éleva plus tard dans cette partie d'administration; celle de savoir par qui serait supportée la perte *sur les monnaies anciennes* qui *seraient présentées à la refonte*, à raison de la diminution de leur poids, soit par le frai, soit par la *rognure* qui s'était fort étendue depuis l'an 5 et à laquelle on avait mis un terme en ordonnant que toute espèce *rognée* perdrait sa valeur *monétaire* et ne serait plus considérée que comme *lingot*.

Mon opinion, à l'égard de la refonte *des vieilles espèces*, était qu'elle devait se faire *aux frais de l'Etat*.

Une opinion contraire voulait que la perte fût supportée *par les particuliers*.

Je représentais que la monnaie était un *instrument public* qui, étant à l'usage *de tous*, sans être *exclusivement* à celui de personne, devait être entretenu ou réparé, à *frais communs*, par tous les membres de la grande famille et, pour chacun, *dans la proportion de ses facultés ;* que le système contraire tendait à répartir *très-inégalement et au hasard* cette charge, en la faisant porter sur chaque individu *dans la proportion de la quantité de monnaies dont il se trouverait accidentellement possesseur;* que particulièrement pour les *menues monnaies* qui étaient, en plus grande partie, dans la main des classes peu aisées, la charge se trouverait nécessairement distribuée *en raison inverse des facultés individuelles;* tandis qu'en la rejetant *sur les Revenus généraux*, elle se trouverait naturellement supportée par tous *dans la proportion présumée de leurs moyens* qui servent de base pour l'assiette des impôts.

On opposa l'intérêt du *fisc* qu'il était pourtant très-facile de désintéresser dans cette affaire, et l'opinion que j'avais combattue fut définitivement adoptée. Elle donna lieu d'abord à des réclamations qui n'eurent d'autres suites que quelques rixes, lorsque la valeur monétaire des pièces de 24 sous, 12 sous et 6 sous fut réduite à 1 franc, à 50 centimes et à 25 centimes ; mais cette opération n'en eut pas moins l'effet *d'une taxe sèche* assez considérable, *très-arbitrairement répartie*, et qui n'augmenta en rien les ressources du Trésor public.

Il n'est peut-être pas hors de propos de faire remarquer ici combien tout ce qui touche *aux monnaies* exige d'attention de la part du Gouvernement. Une fausse mesure, dans cette partie délicate, peut porter, en un moment, le trouble dans toutes les transactions et devenir par-là l'occasion d'un désordre dont il est impossible de prévoir et de calculer les suites.

§. II.

De la Dette Publique.

Le Gouvernement avait beaucoup fait, l'année précédente, pour l'affermissement du *Crédit* de la Dette publique, en proposant la Loi qui avait ordonné que le paiement de la Dette *perpétuelle* s'effectuerait désormais, pour la totalité de chaque semestre, *dans le mois* qui suivrait le semestre expiré.

Le sort des Rentiers *viagers* et des Pensionnaires fixa également sa sollicitude en l'an 11. Le paiement *du viager et des pensions* s'était opéré, jusque-là, de telle manière que le paiement de chaque semestre ne se trouvait, par le fait, consommé que *neuf mois après son expiration*. Il parut convenable de faire cesser ce retard; mais pour ne pas surcharger le Trésor public par le double paiement, dans les mois de vendémiaire et de germinal, tant *du perpétuel* que *du viager et des pensions* payables, pour la plus grande partie, *à Paris*, il fut proposé de régler qu'à partir de l'an 12, les arrérages des Rentes viagères et des Pensions continueraient de courir de *nivôse* en *nivôse* et seraient acquittés, comme la Dette perpétuelle, *dans le mois* après l'expiration de chaque semestre.

Il fut en même temps arrêté que pour mettre les Rentiers viagers et Pensionnaires au courant, ils recevraient, dans le cours du mois de nivôse an 12, 1° le deuxième semestre de l'an 11, échu au 1er vendémiaire an 12; 2°. les trois premiers mois échus de l'an 12.

Le Budget de cet exercice fut réglé en

conséquence de ces dispositions, malgré le changement des circonstances *par le renouvellement de la guerre* depuis le moment où elles avaient été préparées.

———

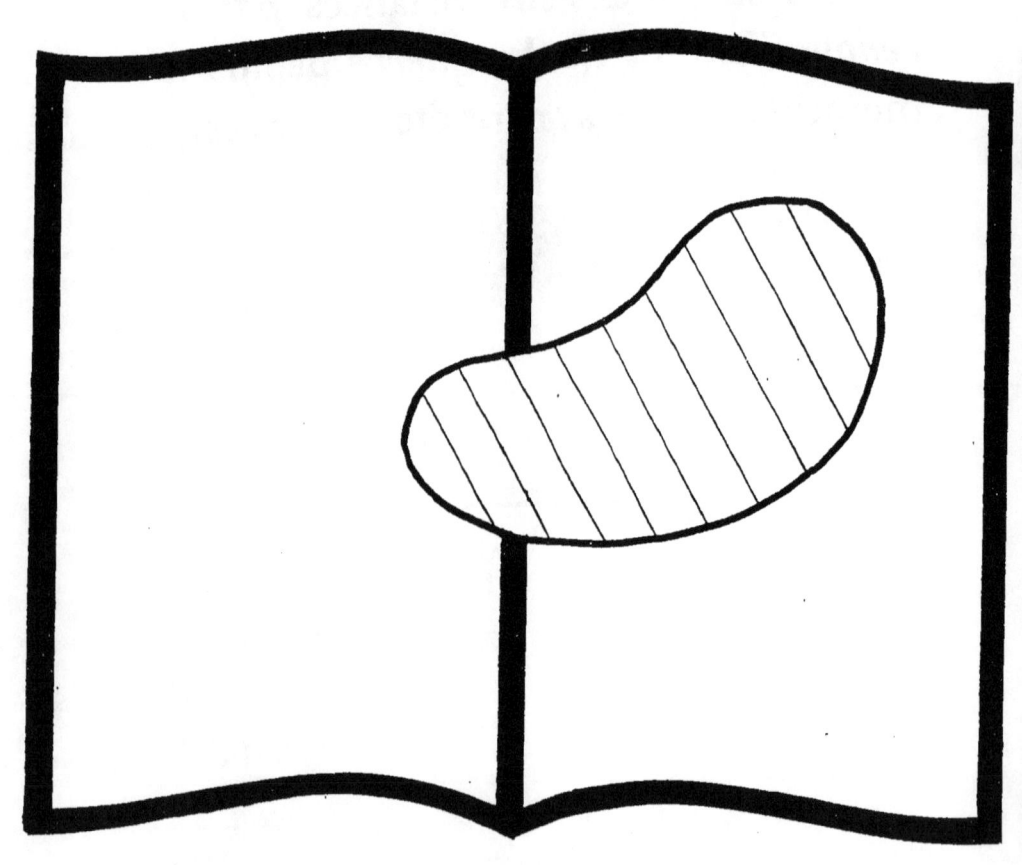

CHAPITRE V.

(des années 12 et 13 — 1804 et 1805.)

C'est en l'an 12 que le système des Contributions publiques commença à recevoir le complément dont la nécessité avait été, dès l'an 8, sentie et reconnue.

Un Droit modique et mal perçu établi, en l'an 7, sur le *Tabac fabriqué*, était, comme on l'a vu, la seule Perception *indirecte* que l'on se fût, depuis *la Révolution*, porté à rétablir *au profit du Trésor*, et elle ne produisait pas, comme je l'ai déjà dit, *deux millions* dans les mains de la Régie de l'Enregistrement.

Ce Droit était susceptible d'améliorations par des dispositions nouvelles; mais l'exécution en eût été trop disp[...] si elle n'eût pas été liée à d'autres [...] tions d'un produit suffisant pour s[uppor]ter la dépense d'une Administration appropriée à un genre de service *étranger aux fonctions naturelles des Préposés de la Régie de l'Enregistrement.*

Ces considérations et le besoin de compléter le Système de Finances pour asseoir définitivement le *Service* sur des fondemens solides, déterminèrent la création d'une Régie *des Droits réunis* qui fut instituée par la Loi du 5 ventôse an 12. La fin de cette année fut employée à son organisation (sous la Direction de M. le comte Français, Conseiller d'Etat) et elle ne put percevoir que quelques Droits sur la fabrication de la Bière et sur les distillations de Grains et de Cerises, ainsi que celui sur le Tabac tel qu'il avait existé jusque-là. Ses premiers produits ne furent par conséquent *d'au-*

SUR LES FINANCES

...*portance*; et néanmoins, *pour ...ée même*, le Principal de la ...*bution* foncière éprouva, *à titre de compensation*, une nouvelle réduction de 10,200,000 *francs.*

Cette Régie fut de plus chargée de la perception de quelques Droits *spéciaux* sur la Navigation, sur les Bacs, sur les Canaux, et de la Taxe d'entretien des Routes.

Les idées furent jugées mûres alors sur la convenance de revenir *au genre de Contribution* dont on peut obtenir un plus grand produit sans fatiguer ceux qui le supportent, parce qu'ils ne l'acquittent qu'au moment où ils en ont la volonté et les moyens et parce que les Droits perçus *au profit du fisc* se confondant *avec le prix de la denrée*, le Contribuable, en payant sa dette, n'a pensé qu'à satisfaire à un besoin ou à se procurer une jouissance.

Cet effet se faisait déjà remarquer par le succès de la conversion que j'avais antérieurement proposée de la Contribution mobiliaire de la ville de Paris, en une perception équivalente, *aux Entrées*. Cette Contribution, dont le recouvrement avait constamment nécessité des frais de poursuites considérables et sur laquelle il était resté néanmoins encore annuellement un grand nombre de taxes déclarées *irrécouvrables*, rentrait, par ce nouveau procédé, *en totalité* au Trésor; et les Contribuables, affranchis des désagrémens et des sacrifices qu'ils avaient supportés si long-temps, se croyaient entièrement déchargés de leur ancien tribut.

Peu d'hommes ont la justice de calculer *les services qu'ils reçoivent* en échange *de l'impôt qu'ils acquittent*. Ils y voient généralement une *charge gratuite* et non *une dépense obligée* de la même nature que celles qu'exige l'entretien des familles.

Il n'est pourtant personne qui ne sache qu'il ne peut exister *de Gouvernement, d'Administration, d'Ordre judiciaire, d'Armée, de Gendarmerie*, etc., *sans dépenses*; que toutes ces Institutions n'étant établies que pour *la conservation ou l'intérêt* du Corps social, elles profitent nécessairement à chacun de ses membres qui doivent par conséquent contribuer *tous* aux frais qu'elles exigent.

Mais cette idée si simple semble s'être effacée de tous les esprits au moment où il s'agit *de payer sa dette*; et l'on ne détache, en général, de son revenu, la somme nécessaire pour l'acquitter qu'avec un sentiment semblable à celui qu'un sacrifice en *pure perte* pourrait faire éprouver.

On peut donc dire que le meilleur impôt est celui dont *les formes* dissimulent le mieux *sa nature* et qui, en dispensant d'ailleurs le Contribuable de toute prévoyance, s'identifie le plus complétement avec les dépenses *de nécessité* que l'on fait communément *sans regret*. Or les droits *sur les consommations* ont, pour le plus grand nombre, éminemment ces avantages ; et si, d'un autre côté, l'on considère les voies auxquelles il faut souvent recourir pour assurer la rentrée des *Contributions directes*, on appréciera le service que rend à la classe la moins aisée, qui est aussi la plus nombreuse, et au Gouvernement lui-même, un genre d'impôt par lequel le besoin de toutes poursuites est évité.

Ce ne serait pas toutefois un motif pour en abuser en élevant les tarifs au delà de leurs limites raisonnables; mais ce danger n'est point à redouter avec un Gouvernement *éclairé* qui sait que ce n'est pas *en forçant* l'impôt que l'on en *augmenterait le produit* ; et il ne peut être d'aucune considération, dans un Gouvernement *représentatif*, où les yeux sont continuellement ouverts sur tout ce qui pourrait blesser l'intérêt public ou celui des citoyens (1).

---

(1) Une intention semblable, quoiqu'elle ne pût pas avoir le même résultat, mais qui tendait aussi à *alléger le poids de l'impôt*, avait fait naître l'idée de percevoir la Contribution foncière *en nature*. Cette idée, souvent reproduite a été écartée par des considérations qui devront toujours empêcher de l'admettre : et il n'est pas hors de propos de les rappeler ici.

Premièrement. Ce ne serait pas une chose aussi simple qu'elle peut le paraître au premier coup d'œil, que l'organisation d'un mode de perception qui, d'une part, exigerait, chaque année, une appréciation préalable de la valeur de toutes les productions soumises à l'impôt foncier, soit pour servir de base aux adjudications dont les prix devraient déterminer *les quantités* à livrer par les propriétaires *pour assurer au Trésor le produit qui lui*

Ce n'est pas qu'il ne faille reconnaître que les Droits *sur les consommations* ne

serait nécessaire; soit, dans le cas d'une perception *directe*, pour en régler pareillement les proportions pour chaque espèce de denrée; *sans que, dans ce dernier cas, le Trésor pût être jamais certain d'obtenir, de leur vente, la somme dont il aurait besoin*: qui exigerait également

Ou que le Gouvernement trouvât *toujours et pour toutes les Communes*, des adjudicataires dont la connivence pourrait d'ailleurs l'exposer à traiter à des prix qui accroîtraient *les charges* des contribuables, sans que *la recette effective* du Trésor en éprouvât aucune amélioration:

Ou que, à défaut d'adjudicataires, il pourvût, par ses propres agens, *au prélèvement des denrées sur les récoltes*, à leur emmagasinement, à *leur entretien et à leur vente*. Or les frais d'une telle manutention, *au compte direct de l'Etat*, n'auraient point de bornes; les déchets ne pourraient que difficilement être justifiés et le produit réel des ventes ne serait pas plus facile à constater. Le Trésor ne saurait donc jamais sur quoi compter; et cependant la première condition nécessaire d'un service

sont pas exempts de quelques inconvéniens, par les mesures qu'il faut pren-

---

régulier est de connaître *à l'avance* ses ressources et de se mettre à l'abri des *non valeurs* dont les cautionnemens mêmes qui seraient exigés des adjudicataires ou des agens du Gouvernement, ne le préserveraient pas toujours.

Secondement. Beaucoup de produits et de denrées qui sont soumis à la Contribution Foncière ne seraient pas susceptibles du paiement de l'Impôt *en nature*. D'abord les loyers des bâtimens, maisons et usines; ensuite les bois, les fruits, le lin et le chanvre, les pacages et pâturages, etc. etc. Ainsi il faudrait que, dans un même domaine, l'impôt se perçût partie *en nature*, partie *en argent*, et le départ de la partie du produit total qui devrait être soumise à l'un ou à l'autre mode de perception, éprouverait souvent de grandes difficultés.

Troisièmement. Le Propriétaire paierait réellement *plus* par l'Impôt *en nature* (en écartant même la supposition de toute fraude de la part des Adjudicataires et en admettant que l'on en trouvât partout) qu'il ne paie par la Contribution *en argent*, pour ne donner *que le même produit* au Trésor.

dre pour en assurer la perception exacte.
Des agens nombreux sont nécessaires

Ainsi en supposant que l'Impôt *en argent* dût être fixé au *dixième* du revenu *net* des Propriétaires, pour donner au Trésor une recette de 100 millions (les frais de perception restant à sa charge) le Propriétaire d'une terre à blé d'un revenu net de 3,000 fr. devrait 300 fr. qui représentent trente quintaux de grain, supposé à 10 fr. le quintal.

Pour obtenir la même recette de 100 millions de francs par la Perception *en nature* et en évaluant *à un dixième* seulement le Bénéfice à abandonner aux Adjudicataires, il faudrait que les Propriétaires livrassent un peu plus de onze millions de quintaux de grain (soit onze millions), pour réaliser 100 millions *net en argent* au Trésor. Ils paieraient par conséquent *un dixième de plus* que par la Perception *en argent*.

Ainsi le Propriétaire d'un revenu de 3,000 fr. devrait fournir, *en nature*, trente-trois quintaux de grain représentant, à dix francs le quintal, une valeur de 330. fr. au lieu de 300 fr. seulement qu'il aurait dû donner, *en argent*, pour procurer à l'Etat *le même revenu*.

pour prévenir la fraude ou pour la réprimer.

Un autre désavantage de l'Impôt *en nature* serait de frapper le Produit *brut* tandis que l'Impôt *en argent* ne porte que sur le Produit *net*; ce qui augmenterait encore le poids de la Contribution pour le Propriétaire.

Quatrièmement. Pour établir la Perception *en nature*, il faudrait détruire tous les Baux *à prix d'argent* pour en convertir les redevances *en denrées*. La loi interviendrait ainsi dans des transactions qui sont tout-à-fait hors de son Domaine.

Cinquièmement. Comment calculer l'influence que pourrait avoir sur le mouvement du prix des subsistances, dans les marchés, la réunion d'une masse considérable de grains dans la main soit des Adjudicataires soit des Préposés du Gouvernement ainsi que les conséquences qui pourraient résulter d'un tel ordre de choses, pour la tranquillité publique, dans des années calamiteuses?

Sixièmement. L'exemple *de l'ancienne Dîme* ne pourrait être invoqué en faveur d'une Perception semblable à faire *au profit du Gouvernement*. On a déjà remarqué une circonstance particulière qui constitue

Les Redevables ne peuvent être affranchis d'une surveillance à défaut de

---

ici l'une des principales difficultés ; savoir : la nécessité de calculer *annuellement* le prélèvement de l'Impôt *en nature*, de manière à assurer au Trésor *une somme déterminée en argent*. Cette difficulté n'existait pas pour la Dîme dont il avait suffi de régler, une fois pour toutes, *les proportions* ; sans que l'on eût eu à s'inquiéter du Revenu que le Décimateur en obtiendrait réellement chaque année. Or le Service public ne pourrait s'accommoder d'une pareille incertitude qui est déjà un inconvénient des Contributions *indirectes* ; mais qui se trouve du moins compensé par de grands avantages.

On a dit en faveur de *l'Impôt en nature* qu'il aurait le résultat précieux, particulièrement pour le petit Propriétaire, de le dispenser de tout soin, de toute prévoyance pour le paiement de sa Contribution ; de l'en affranchir naturellement lorsqu'il n'aurait rien récolté et de ne la lui faire jamais payer que dans la Proportion du produit qu'il aurait obtenu.

Mais on peut opposer 1° que, dans le système de la Perception *en argent*, le Propriétaire privé *de*

laquelle l'impôt tournerait à leur profit, sans aucun dédommagement pour *l'État*,

la totalité ou *d'une partie* de sa récolte obtient *la remise entière* de sa taxe, ou *une modération* proportionnée? 2° Que les avantages qui sembleraient résulter pour lui de la Perception *en nature* disparaîtraient devant l'inconvénient de ne pouvoir profiter du moment favorable pour enlever ses récoltes qui devraient rester sur la terre, exposées à toutes les intempéries, comme elles y restaient autrefois jusqu'à ce que la commodité du décimateur lui permît de venir lever son tribut. Aussi la suppression de la *dîme* fut-elle reçue en 1789 comme un bienfait.

En dernière analyse, soit que l'on considère toutes les difficultés qu'entraînerait l'organisation d'une perception *en nature* et les dangers dont elle ne serait point exempte; soit que l'on s'arrête plus particulièrement aux mécomptes auxquels elle exposerait les Finances, aux sacrifices qu'elle imposerait aux Contribuables, *en pure perte pour le Trésor*; enfin à l'incertitude qu'elle jetterait dans son service, on doit reconnaître que les divers Gouvernemens qui se sont succédés en France ont fait preuve de

comme sans avantage *pour les consommateurs*, sur toutes les quantités qui seraient soustraites au paiement des Droits.

Les Producteurs eux-mêmes ne peuvent être dispensés de quelques formalités dont l'observation peut seule empêcher que l'exécution de la loi ne soit éludée pour des denrées dont la destination demeurerait inconnue aux préposés chargés de percevoir l'impôt au lieu où elles doivent être consommées.

L'art, comme le devoir de l'Administration est de resserrer ses précautions dans leurs plus étroites limites et de faciliter, en tout ce qui peut dépendre d'elle, l'accomplissement des formalités qui font sa garantie.

---

sagesse en ne s'abandonnant point à une théorie née d'un bon sentiment, mais qui n'avait pas été assez réfléchi.

Mais en pesant les inconvéniens inséparables de la perception des Contributions *indirectes*, il convient de ne jamais perdre de vue et de mettre continuellement en parallèle les effets que devrait avoir, à l'égard soit *de la Reproduction* qui intéresse *la société tout entière*, soit de la classe *des Propriétaires* aujourd'hui *si nombreuse* en France, une masse de Contributions *directes* portées au degré qui serait nécessaire pour que leur produit pût égaler, comme il le faudrait, *le montant total* des Dépenses *indispensables* du Service public.

Un second objet qui était alors d'un grand intérêt, fut, en l'an 12, la matière de nouvelles Dispositions législatives.

Les ventes de Domaines Nationaux, momentanément suspendues, avaient été rouvertes en vertu des Lois des 15 et 16 floréal an 10, pour être payées en *numéraire effectif*; mais on n'avait pas cru, dans les premiers momens, pouvoir fixer la première mise à prix à plus de onze années de revenus pour *les biens ruraux* et de six années pour les *bâtimens, maisons* et *usines*. On eut lieu de craindre qu'il ne se fût formé des associations pour se rendre maître des enchères et que l'extrême faiblesse de la *mise à prix* ne favorisât ces coupables manœuvres. Je proposai, pour en atténuer l'effet, de porter *la première mise à prix* à vingt années de revenus pour *les biens ruraux* et à douze années pour *les bâtimens;* et les adjudications dépassèrent toujours ces proportions qui donnaient déjà à l'État un prix satisfaisant de ses Propriétés.

Je proposai aussi de revenir, *seulement pour les ventes à faire*, sur une disposition de la Loi du 15 floréal qui, par une modification faite au projet que j'avais présenté, avait dispensé les Acquéreurs *de l'intérêt* des divers termes de leurs adjudications.

Il était naturel en effet que *la jouissance des fruits* fût compensée par *l'intérêt du prix des biens* jusqu'à ce que ce prix eût été intégralement acquitté. Cette disposition, avouée par la justice, n'eut aucune influence fâcheuse sur les ventes qui continuèrent de se faire aussi avantageusement qu'auparavant.

La nouvelle Régie des Droits réunis commença, dès l'an 13, à marcher d'un pas assuré. Le Gouvernement en profita pour proposer une troisième réduction sur la Contribution foncière, de 3,092,000 fr. en faveur des trente Départemens jugés y avoir le plus de droits.

Il procédait ainsi, autant que les circonstances pouvaient le lui permettre, à la réduction *graduelle* des Contributions *directes* dont il se proposait de remplacer la plus forte partie possible par des *impôts indirects*.

Le nouveau mode récemment adopté pour la perception du Droit de fabrication du Tabac commença, dès l'an 13, à influer sensiblement sur les produits. La nouvelle Régie perçut, cette année-là, sur cette matière, plus de 8 millions qui réunis à 9,200,000 fr. reçus par la Régie des Douanes, *à l'entrée des feuilles exotiques*, portèrent le produit total de ces droits de 17 à 18 millions.

Une Régie des Sels et Tabacs, commencée en l'an 12, fut définitivement constituée, à la fin de l'an 13 (sous la Direction de M. Devaine, aujourd'hui Préfet de la Nièvre) dans les Départemens du Piémont, pour y tenir lieu de *la taxe d'entretien des Routes* et d'une partie des Contributions directes perçues dans le reste de la France. On ménagea ainsi les habitudes du pays, en maintenant des perceptions auxquelles il était accoutumé et en l'affranchissant de celles des Contributions françaises qui s'y seraient plus difficilement naturalisées. Cette Régie entra en activité au 1.er vendémiaire an 14.

La fabrication de nos monnaies reçut, dans la même année, de nouveaux perfectionnemens. Deux concours avaient été ouverts, l'année précédente, l'un pour la gravure, l'autre pour un nouveau procédé du monnayage, qui devait rendre la contrefaçon à peu près impossible *et faire cesser les accidens graves* auxquels les monnayeurs avaient été jusque-là exposés. Ce procédé consistait à faire descendre, par une sorte d'entonnoir, les flaons dans un cercle d'acier appelé *virole*, de la dimension que la pièce devait avoir et qui, refoulant la matière sur elle-même par l'action du balancier, ne permettait pas qu'elle pût s'étendre au-delà du cercle dans lequel elle était renfermée. Il en résultait une parfaite identité de toutes les pièces frappées suivant ce procédé. Ses avantages ayant été reconnus, de nouveaux balanciers furent confectionnés pour son exécution, sous la direction particulière de M. Gengembre, inspecteur général des Monnaies.

La dimension des Coins fut aussi considérablement réduite, de sorte qu'étant susceptibles d'être *trempés* dans toutes leurs parties, ils devinrent capables de résister à une fabrication de cent à cent vingt mille pièces, au lieu de quinze à vingt mille seulement que l'on obtenait des anciens Coins *qui revenaient au même prix que les nouveaux.*

Enfin il fut décidé qu'au lieu d'être fabriqués *dans chaque hôtel des Monnaies* par un graveur particulier, comme ils l'avoient été jusque-là, ils le seraient désormais *tous à Paris*; ce qui, en assurant *l'identité partout*, devait donner le moyen de reconnaître, au premier coup d'œil, les pièces qui auraient été contrefaites.

La comptabilité des Monnaies prit aussi une marche régulière qu'elle n'avait pas eue jusque-là.

Ces améliorations furent principalement dues au zèle actif et aux connaissances réelles des administrateurs de cette partie (MM. Guiton de Morveaux et Mougèz, tous deux membres de l'Institut, et M. Sivart, aujourd'hui membre de la Chambre des Députés.)

———

CHAPITRE VI.

(de l'an 14 — 1806.)

La concentration de presque toutes nos forces sur une partie des Côtes, dans la fin de 1805, écartait toute idée d'une rupture prochaine sur *le Continent*, lorsque l'on apprit que l'armée traversait une partie de la France pour se rendre, à marches forcées, au cœur de l'Allemagne. Un mois après, elle était sur le champ de bataille où cette querelle imprévue se termina en une seule journée.

Jamais succès n'avait été plus nécessaire ; il prévint des désordres intérieurs dont les suites étaient incalculables.

Deux fautes graves avaient été commises.

D'une part, la Banque de France avait été jetée hors de toutes ses mesures par la négociation que l'on avait exigée d'elle de *valeurs* du Trésor réalisables en *espèces* et dont le gage avait été depuis, en partie, consommé par des dispositions particulières faites, en *numéraire*, sur les mêmes Receveurs généraux par lesquels ces *valeurs* devaient être acquittées à leur échéance. Sans doute on avait espéré compenser l'effet de ces dispositions par d'autres moyens qui trompèrent cette espérance. Il en résulta que l'inquiétude s'étant répandue, par d'autres causes, parmi les porteurs de billets, qui se présentèrent en foule au remboursement, la Banque se trouva hors d'état de satisfaire à toutes les demandes. En quelques jours le nombre des demandeurs s'éleva à plusieurs milliers d'hommes de toutes les classes, qui se rassemblaient en tumulte et qui menaçaient éminemment la tranquillité publique. On était parvenu à diviser cette foule en faisant distribuer, chaque jour, dans les diverses municipalités de Paris, un certain nombre de numéros qu'il fallait représenter à la Garde placée aux avenues de la Banque pour y être admis. Cependant ses billets en étaient venus à perdre *jusqu'à* 15 *p*. o/o. On les refusait dans les paiemens, comme on en a toujours le droit. Ces refus étaient déférés aux tribunaux dont l'embarras était extrême ; et il était impossible de prévoir le résultat d'une Crise dont la malveillance eût pu si malheureusement profiter, lorsque la nouvelle de la victoire remportée à *Austerlitz* et celle d'une paix prochaine vinrent calmer les esprits et ramenèrent l'ordre aussi promptement qu'il avait été troublé (1)

---

(1) Cet évènement prouve combien l'existence d'une *Banque*, si éminemment utile, quand elle

D'autre part, des hommes qui avaient abusé, d'une manière bien coupable, de

est bien dirigée, pourrait devenir dangereuse *pour l'État lui-même* si, sa bonne direction n'étant pas suffisamment assurée, elle venait à se livrer à des opérations qui excédassent les limites prescrites par une sage prévoyance. C'est par cette importante considération que l'action de ce genre d'établissement doit toujours être surveillée de manière à donner au Gouvernement une garantie contre des écarts capables de compromettre la tranquillité publique dont il ne lui est jamais permis d'abandonner le soin.

Sans doute l'exercice de cette surveillance ne doit gêner en rien l'*indépendance* nécessaire et légitime d'une Banque.

Mais il faut aussi que celui à qui elle est confiée, dans l'intérêt général, soit, de son côté, dans une situation tellement *indépendante* que la malveillance même soit hors d'état de supposer qu'il puisse être détourné, *par aucun calcul personnel*, de l'accomplissement des devoirs qui lui sont imposés.

Je ne pense pas qu'il puisse être fait contre ces principes une seule objection à laquelle les caractères du Gouvernement *représentatif* n'aient répondu d'avance.

la confiance du Ministre, étaient parvenus à obtenir la substitution, pour une somme immense, à des *valeurs* d'un recouvrement assuré *en France*, d'autres *valeurs sur l'Etranger,* dont la réalisation présentait au moins des incertitudes, même à des époques éloignées.

Cet événement, parvenu à la connaissance du Chef du Gouvernement, le détermina à presser la conclusion de la paix et à précipiter son retour, afin de venir juger par ses yeux de l'étendue du mal et d'aviser aux moyens d'y porter remède. L'exécution des mesures qu'il détermina fut suivie par le nouveau Ministre du Trésor avec un succès tel que le service ne parut pas en souffrir un moment et que *l'Administration* put bientôt se livrer avec calme à l'exécution des vues préparées pour l'amélioration du Régime financier.

On s'occupa d'abord de l'apurement

des exercices 9, 10, 11 et 12. Un fonds extraordinaire de 60 millions (porté depuis à 70) fut jugé nécessaire pour en solder toutes les dépenses et pour fournir un supplément de 16 millions à l'an 13, qui avait eu à supporter des frais imprévus pour le mouvement rapide que l'Armée avait dû faire.

Il fut créé, à cet effet, par la loi du 24 avril 1806, pour 60 millions de *Bons de la Caisse d'Amortissement*, à divers intérêts, remboursables en plusieurs années, à des échéances fixes, *sur le produit de la vente de Domaines nationaux* dont cette Caisse était devenue propriétaire par diverses opérations auxquelles on aurait pu reprocher *de dénaturer son institution*, si *la modicité* de la Dette perpétuelle, à cette époque, n'avait pu justifier le peu d'importance que le Chef du Gouvernement attachait aux progrès de son extinction. Aussi la Caisse d'Amortissement ne fut-elle guère employée, sous son administration, qu'à mettre *le Trésor* à portée d'appliquer à ses affaires des valeurs considérables, *en Domaines* situés soit dans l'ancienne France soit dans les pays réunis, et d'autres objets qui ne pouvaient se réaliser *qu'avec le temps;* mais qui étaient propres à servir de gages à des *Bons* portant intérêt et remboursables, à époques fixes, sur le produit des ventes. Une rente de 3 millions au Grand Livre fut de plus créée, en 1806, au profit de cette Caisse, pour ajouter encore à ses moyens. Le succès de cette opération fut complet et les *Bons* dont l'émission avait été autorisée par la loi, et qui ne furent émis qu'avec la circonspection convenable, n'éprouvèrent aucune ou presque aucune perte dans la circulation.

Le passé ainsi réglé, le Gouvernement s'occupa de donner au plan dont les premières bases avaient été arrêtées l'année précédente, les développemens dont il était susceptible.

Une taxe somptuaire, qui avait été établie, avant l'an 8, sur les domestiques et sur les chevaux et voitures de luxe, donnait lieu à des recherches fatigantes pour les Contribuables et excitait des réclamations multipliées pour un produit médiocre. Elle fut supprimée à partir de 1807.

En même temps la Contribution foncière éprouva une diminution d'un million pour les Départemens du Piémont, en considération *de la vente exclusive du Sel et du Tabac* établie dans ces Départemens.

D'un autre côté, la Régie *des Droits Réunis* reçut une organisation complète par la loi du 24 avril.

La taxe d'*entretien des routes* n'avait pu parvenir à se naturaliser en France. Elle excitait des rixes fréquentes et des plaintes continuelles. Elle produisait d'ailleurs à peine seize millions applicables à sa destination (qui consommait annuellement 30 à 35 millions) et l'opinion était frappée de l'idée qu'une somme infiniment supérieure était effectivement perçue *au profit exclusif des Fermiers*.

Cette taxe fut supprimée et remplacée par un impôt sur le Sel, *à l'extraction des marais salans*, lequel n'avait rien de commun avec le Régime justement abhorré de l'ancienne *Gabelle* et laissait à la vente la même liberté qu'auparavant (1).

---

(1) On sait que le système de *la Gabelle* consistait à exiger de chaque famille qu'elle tirât des greniers de l'Etat, à un prix qui s'élevait, pour beaucoup de provinces, jusqu'à quatorze sous par livre (poids de marc), la quantité de sel à laquelle la consommation de chaque individu était évaluée; et qu'aucune portion de ce sel, appelé *de devoir*, ne pouvait être

Depuis long-temps la taxe des lettres n'était plus en proportion avec le prix du

employée à tout autre usage que celui de la consommation *personnelle*.

Ainsi le pauvre, chargé d'un grand nombre d'enfans, n'avait pas même la ressource de l'économie dans sa consommation, lorsque la quantité à laquelle il était taxé, *à raison du nombre d'individus dont sa famille était composée*, excédait ses facultés ; et l'emploi d'une partie quelconque du sel *de devoir* à des *salaisons* était sévèrement puni, s'il était découvert.

Ce système n'était pas d'ailleurs uniforme partout. Il se modifiait diversement dans plusieurs provinces; d'autres en étaient entièrement affranchies; beaucoup de particuliers l'étaient également, même dans les pays assujettis, par suite des nombreux priviléges qui constituaient alors, pour ainsi dire, *deux nations* en France.

Aussi cet impôt ne put-il résister aux premières attaques qui lui furent portées en 1789, et l'on peut aisément reconnaître qu'il n'avait rien de commun avec la taxe établie en 1806, qui n'est qu'un simple droit *de consommation*, dont la perception n'en-

transport et avec les autres frais d'exploitation. Le tarif de ces taxes fut revu et réglé sur la base des distances parcourues.

---

traîne ni inconvéniens *pour le commerce* ni vexation d'aucun genre *pour les consommateurs.*

On avait proposé au dernier Gouvernement, comme un moyen certain *d'accroître cette branche de Revenu*, de rétablir le *Monopole* de la vente du sel au profit de l'Etat. Cette proposition, séduisante sous le rapport du produit qu'elle promettait, fut écartée par la double considération du préjudice que *le Monopole* occasionnerait aux particuliers livrés à ce genre de commerce *qui ne leur procurait qu'un bénéfice légitime ;* et plus particulièrement encore, de la *facilité* qu'il pourrait donner, dans un temps ou dans un autre et dans des besoins urgens, de *rétablir la Gabelle* qui avait fait si long-temps le désespoir de la classe malheureuse.

Ainsi le Gouvernement ne fut point inconséquent; il agit au contraire dans le même principe, lorsque, après avoir écarté le Monopole *du Sel*, il adopta, plus tard, le rétablissement de celui *du Tabac.*

Enfin l'exploitation des Salines de l'Est, qui n'avait pas jusque-là répondu aux espérances que l'on en avait conçues, prit une forme nouvelle. La Régie intéressée fut remplacée par une compagnie d'Actionnaires formée avec un bail de 99 ans. Les conditions de ce bail furent calculées de manière à assurer au Gouvernement les chances d'augmentation qui devaient naturellement survenir dans une si longue durée. Le *canon* annuel évalué en *nature*, pour les cinq premières années, à 250,000 quintaux métriques, ou *en argent* à 3 millions, dut être revu tous les trois ou cinq ans, et si le prix de vente avait excédé le taux actuel, ou que la fabrication eût été au delà de 500,000 quintaux, le Gouvernement devait avoir la moitié de l'excédant.

Un Commissaire général fut placé près de l'Administration de la Compagnie, à

Paris, pour suivre, à l'aide d'un Commissaire particulier près de chaque Saline, les opérations de ces établissemens et assurer l'exécution des conditions du bail.

Tel fut l'ensemble des dispositions consacrées, dans l'intérêt des Finances, par la Loi du 24 avril 1806.

CHAPITRE VII.

(De l'année 1807).

La paix conquise au commencement de 1806 ne devait durer qu'un moment : dès la fin de la même année, elle fut de nouveau troublée et se rétablit vers le milieu de 1807.

La puissance de la France devint colossale par les résultats de cette campagne. Les embouchures de l'Ems, du Wéser et de l'Elbe étaient en son pouvoir. Une ligne de Douanes Françaises avait été établie, depuis Cuxhaven jusqu'à Travemunde, pour arrêter toutes les marchandises du Commerce Anglais que l'on tenterait d'introduire par les frontières du Holstein; et les marchés de tous les pays conquis étaient ouverts aux produits de nos Manufactures.

Le Gouvernement fidèle, autant que les circonstances le lui permettaient, au plan de diminuer successivement les Contributions *directes* par l'établissement de Droits *sur les Consommations* ou par l'amélioration de ceux déjà établis, proposa la suppression des dix centimes qui avaient été ajoutés, en 1806, au principal de la Contribution foncière *pour les frais de la guerre*. Ces dix centimes furent supprimés par la Loi du 15 septembre 1807 et l'organisation de la Régie *des Droits réunis* fut revue dans la double intention d'améliorer les produits et de perfectionner les perceptions.

Le Droit d'Inventaire des Boissons n'avait été établi, dans le principe, que pour procurer à la nouvelle Régie des renseignemens et des connaissances sans lesquels la perception du Droit *au débit* ne pouvait être convenablement assurée. C'avait été le moyen de faire une sorte de *Cadastre des Boissons*. Cet objet se trouvant rempli, je proposai de déférer au vœu généralement exprimé pour la suppression de cette formalité désagréable en elle-même à près de *deux millions de Propriétaires* et dont le résultat était une perception qui, devant en apparence ne porter que sur les *Acheteurs*, retombait en réalité *sur le Propriétaire lui-même*, contre l'intention et l'esprit de la Loi.

Cette perception fut remplacée par un Droit *au mouvement* des Boissons et par une augmentation du Droit *au débit* qui n'entraîne aucun inconvénient pour le *Producteur* et fait porter la Contribution uniquement sur le *Consommateur*; ce qui en atténue sensiblement l'effet.

L'Administration des Forêts nationales avait fixé, dès l'an 8, la sollicitude du Gouvernement; mais les difficultés des circonstances avaient toujours fait ajourner des améliorations qui ne pouvaient se faire qu'avec une augmentation de dépense. Il fut décidé que 2 millions seraient distraits, en 1807, *des Fonds généraux* et qu'ils formeraient, *au Trésor Public*, un fonds *spécial* destiné à faire exécuter, dans les forêts de l'État, des routes, des ruisseaux flottables et les autres ouvrages qui seraient reconnus propres à bonifier cette importante Propriété en facilitant l'extraction des bois.

Une amélioration sensible eut lieu également dans la partie des Monnaies. Depuis l'an 11, les espèces *d'or* avaient été seules frappées *en virole* par le moyen du nouveau balancier adapté à ce procédé dont le résultat, comme je l'ai dit, est de rendre les espèces parfaitement rondes et de faire que celles de même valeur soient toujours exactement de la même dimension ; ce qui ajoute à la difficulté de les contrefaire.

Ces avantages furent étendus aux espèces *d'argent* qui, dès l'année précédente, avaient été frappées *en virole à Paris*; elles le furent de même, *dans tous les Hôtels des Monnaies*, à partir de 1807.

Il restait, dans cette partie, une question importante à résoudre, celle de savoir si le nouveau système de nos Monnaies remplirait convenablement tous les besoins de la circulation, lorsque les paiemens au dessous de 25 centimes (5 sous) ne pourraient être faits qu'avec une monnaie de cuivre extrêmement incommode. La nouvelle perfection de nos moyens de fabrication m'avait paru propre à détruire l'argument le plus fort contre *le billon*, c'est-à-dire le danger des fabrications *clandestines* ou *étrangères*. Je m'étais en conséquence déterminé à faire faire les essais de deux pièces de 10 centimes. La première où *l'argent* était séparé du *cuivre* dans lequel il était enchâssé ; la seconde, qui était *un véritable billon*, dans laquelle *l'argent* était confondu avec le *cuivre*.

La première pouvait faire naître l'inquiétude que la partie *d'argent* ne pût, dans les mouvemens de la circulation, venir à se séparer du *cuivre* ; ce qui eût laissé cette pièce à peu près sans valeur et nécessairement sans emploi. Sa fabrication aurait d'ailleurs occasionné une dépense assez forte.

La seconde ne présentait pas le même danger. Elle rentrait tout-à-fait dans la classe du *billon* en *circulation* et dont tout le monde convenait que l'on tirait le plus grand secours dans les petites transactions ; de plus, la façon en était beaucoup moins chère. Celle-ci, dont la fabrication devait être aussi soignée que celle de l'or et de l'argent, fut donc préférée. La loi du 15 septembre 1807 en fixa le *titre* à 200 millièmes de *fin* et le poids à deux grammes. Il résulta de cette combinaison que 100 fr., en pièces de 10 centimes, auraient une valeur intrinsèque de 95 fr.; ce qui excluait l'idée d'une monnaie de mauvais aloi.

Cette mesure eut le double avantage d'introduire dans la circulation un nouvel instrument d'un usage commode et de permettre de faire cesser la fabrication de la pièce *de 25 centimes* qui devenait à peu près inutile et qui, par l'exiguité de son volume, donnait lieu à des pertes fréquentes dont on commençait à se plaindre.

On s'était plaint plus vivement encore, quelque temps auparavant, des difficultés qui s'élevaient journellement au sujet de la valeur pour laquelle les anciennes pièces de billon, *dites de deux sous*, devaient être reçues *lorsqu'elles avaient perdu leur empreinte*; et le plus grand nombre était dans ce cas. Elles se confondaient avec celles de 18 deniers et ne pouvaient souvent être données que pour cette dernière valeur, après qu'elles avaient été reçues pour *deux sous*; ce qui excitait beaucoup de mécontentemens et des rixes fréquentes. On les fit cesser en réduisant à 18 deniers le cours de toutes les pièces de 2 sous, soit qu'elles eussent conservé ou perdu leur empreinte. L'exécution de cette disposition ne donna pas lieu à la moindre réclamation, parce qu'elle ne fut prise qu'au moment où la fréquence des difficultés que l'état antérieur des choses occasionnait, avait fini par fatiguer la classe nombreuse qui en éprouvait journellement la fâcheuse influence.

La marche des opérations du Cadastre commencé en l'an 10, fut définitivement fixée en 1807.

Le début d'une semblable Entreprise avait été susceptible de difficultés et de tâtonnemens inévitables. Il avait fallu passer par le Cadastre *par masses de cultures* pour que toutes les imperfections en fussent bien connues et pour se livrer avec moins de regrets au système du *Parcellaire* indiqué par la Loi de 1791, réclamé par les Propriétaires dans toutes les parties de la France ; mais qui exigeait plus de temps et de dépense.

L'organisation de ce nouveau système dut fixer toute mon attention. Il fallait que, pour tout ce qui concernait *la partie d'art*, le mode d'exécution fût tracé *d'une main sûre*. J'appelai à Paris plusieurs des Directeurs de Contributions et des Géomètres qui avaient montré le plus de talent et je les réunis sous la présidence d'un savant distingué, M. Delambre, pour déterminer le *genre d'opérations* nécessaire pour remplir, *sans aller au delà*, l'objet que le Gouvernement se proposait : celui de *constater la consistance de chacune des parties dont chaque Propriété se composait pour les diverses natures de cultures.*

Il fallait aussi établir, en connaissance de cause, les bases de la dépense que l'exécution du Parcellaire devrait occasionner.

Ces règles et ces bases furent posées dans le Procès Verbal de cette Réunion (annexé au Compte de l'Administration des Finances en 1807), discutées sous mes yeux et rédigées ensuite en articles qui furent transmis aux Préfets des divers Départemens. Le travail prit, à partir de 1808, cette nouvelle direction partout et il est aujourd'hui terminé dans un cinquième de la France, malgré la modicité des fonds qui y ont été appliqués dans les six dernières années.

Cette opération est devenue, depuis 1814, l'objet d'une controverse très-animée.

Le Cadastre, par *masses de cultures*, avait conservé des partisans qui combattaient le *Parcellaire* avec plus de chaleur, que de connaissance approfondie de la matière.

Ils partaient tous de la fausse supposition que l'on n'avait cherché, dans *un Cadastre*, qu'un moyen de *rectifier les Contingens* précédemment assignés *aux divers Départemens* et ils s'attachaient principalement à prouver que l'on y serait parvenu *plus vite* par une opération qui aurait exigé *moins de temps*; ce qui n'aurait assurément jamais fait l'objet d'un doute, si la question eût été réellement placée dans des termes aussi simples.

Ils tombaient même dans une contradiction qu'ils n'apercevaient pas, en adressant *au même Gouvernement* le double reproche, d'un côté, de n'avoir eu en vue, dans un Cadastre, que les moyens de parvenir *à augmenter l'Impôt;* et de l'autre, d'avoir *abandonné le système d'exécution* qui, de leur aveu, devait réaliser *plus rapidement* les vues intéressées dont ils le supposaient animé.

Ils raisonnaient, en général, comme si aucune expérience n'eût encore été faite sur cet important objet et sans qu'ils parussent donner aucune attention *aux faits*, dont l'observation est pourtant la véritable *pierre de touche* des théories en tout genre.

Cependant les motifs qui avaient déterminé le Gouvernement à renoncer au

Cadastre par *masses de cultures* étaient connus. On savait que, pressé de s'assurer si les résultats de cette opération pourraient recevoir leur application *aux Propriétés particulières, condition sans laquelle le but principal était manqué*, on avait fait, *de suite*, à peu près ce que les Partisans de cette forme de Cadastre ne proposaient de faire que *dans douze ans, et lorsque l'opération aurait été terminée partout*, c'est-à-dire, qu'au lieu d'abandonner purement et simplement, comme ils le voulaient, *aux Propriétaires* le soin de se répartir entre eux les terres comprises *en bloc* au Cadastre et la masse de Revenus déterminée *pour chaque bloc* par les expertises, le Gouvernement avait chargé ses Agens de préparer ce travail, d'après les opérations terminées, *pour leur en soumettre les résultats*; et que partout où cette épreuve avait été tentée, il avait été impossible de faire cadrer, à beaucoup près, *les Contenances et les Revenus* constatés par les plans et par les expertises *en masse*, avec *les déclarations* des Propriétaires qui avaient demandé, de toutes parts, que l'on arpentât *chaque parcelle* de Propriété et que l'on en évaluât séparément *le Revenu*.

L'observation de ces faits n'aurait assurément pas dû conduire à proposer au Gouvernement de revenir à un système si malheureusement éprouvé. Elle ne pouvait pas raisonnablement donner l'espérance de lui persuader que ce qui avait été reconnu impossible par les Propriétaires de toutes les parties de la France, deviendrait plus facile pour eux par le retour au même système *auquel on ne proposait au surplus aucune modification*.

Les défenseurs de ce système ne paraissaient pas même bien d'accord avec eux-mêmes, lorsqu'ils invoquaient le principe qui exigeait, suivant eux, que l'on marchât, dans l'exécution, *du grand au petit*, et *de l'ensemble aux détails*.

Ils proposaient de *considérer chaque Commune comme un seul corps de fermes* dont il s'agissait de connaître la valeur par le moyen de l'arpentage et de l'expertise.

Ainsi leur opération se serait faite par *subdivision du territoire* de chaque Département; et c'eût été des résultats obtenus dans *chaque subdivision*, que se serait composé *l'ensemble* de la masse imposable de chaque Département *tout entier*.

Or *chaque fraction* n'étant qu'une partie *du tout*, il était évident qu'ils auraient réellement marché du *petit au grand*, et non de *l'ensemble* aux *détails*.

On aurait donc pu appeler cette opération le Parcellaire des *Départemens*, comme celle qui s'exécute s'appelle le Parcellaire des *Communes*.

On procède en effet dans celui-ci comme dans l'autre.

On constate d'abord les *détails* qui doivent composer *l'ensemble*, et l'on fixe ainsi, par la réunion des revenus *particuliers*, le Revenu total de *chaque Commune*; de même que, dans l'autre système, on eût cherché à constater, par la réunion des revenus *des Communes* établis par *masses de cultures*, celui de *l'ensemble d'un Département*.

Il y a donc réellement, sous ce rapport, *uniformité* dans les deux systèmes; mais celui du Cadastre *parcellaire des Communes* a une supériorité que l'expérience ne permet plus de contester. Il convient seul d'ailleurs au *genre d'Impôt* que la Loi de 1790 a établi : *l'Impôt de Quotité*. C'est en établissant *l'uniformité de cet Impôt, dans chaque loca-*

lité, que l'on doit parvenir à rétablir *l'égalité proportionnelle entre les Départemens*, et on ne le peut que *par ce procédé* dont le dernier résultat doit être de donner à *la Propriété* une garantie qu'elle n'a jamais eue, en affranchissant, pour toujours, les Propriétaires de l'influence *de l'autorité ou des passions* dans le réglement de leur Cotisation.

En supposant, par exemple, que la totalité des allivremens cadastraux, c'est-à-dire des *Revenus imposables*, s'élevât pour tout le Royaume à 1300 millions, et que le Gouvernement eût besoin d'un principal de 130 millions, chacun des Propriétaires devrait, pour ce principal, *le dixième de son Revenu cadastral*; et le montant de ces dixièmes réunis formerait naturellement *la Contribution générale* de chacun des Départemens, qui paieraient tous dans la même proportion.

Ainsi il n'y aurait plus *de Contingens*

à fixer pour les *Départemens*; par conséquent plus *de répartition* à faire de ces contingens, par les Conseils généraux entre les Arrondissemens; par les Conseils d'Arrondissemens, entre les Communes; par les Répartiteurs, entre les Propriétaires. La Loi dirait simplement:
« La Contribution foncière sera perçue,
« pour *telle* année, à raison du dixième
« (ou de toute autre proportion) *des Al-*
« *livremens cadastraux*; c'est-à-dire du
« Revenu porté, pour chaque parcelle de
« Propriété, à la Matrice cadastrale de
« chaque commune. » Et chaque Contribuable connaîtrait dès lors, plusieurs mois à l'avance, ce qu'il devrait payer, *sans qu'aucune autorité pût le contraindre à payer davantage.*

Ce genre *d'indépendance* assuré à *la Propriété* devait être apprécié particulièrement par tous ceux des Propriétaires qui éprouvaient, *depuis* 20 *ans*, des surcharges *contre lesquelles ils avaient vainement réclamé*. Il a donc été naturel que le *Parcellaire* trouvât en eux *des défenseurs zélés*, comme il a dû trouver aussi *des antagonistes passionnés* parmi ceux qui jouissaient *de faveurs ignorées* auxquelles le Cadastre, *tel qu'il s'exécute*, doit infailliblement mettre un terme.

Non contentes de repousser le *Parcellaire*, quelques personnes ont été jusqu'à provoquer la suppression *pure et simple* du Cadastre qu'elles semblaient considérer comme une opération *occulte, mystérieuse*, dont le Gouvernement avait seul le *secret*, et qu'il ne faisait exécuter que *dans l'intérêt du fisc*.

On sait cependant que l'intervention du Gouvernement dans cette affaire n'a d'autre objet que celui *de fournir aux Communes, par une entreprise générale, incomparablement plus économi-*

que que ne pourrait l'être un appareil particulier pour chacune d'elles, des *Géomètres* et des *Arpenteurs* pour les opérations géodésiques ; *des Experts* pour les évaluations ; et des *Employés intelligens* pour les écritures, pour la rédaction des Procès verbaux, pour la formation des États; enfin pour la réunion de tous les détails dont l'ensemble de l'opération se compose. Ces préliminaires indispensables une fois remplis, le travail exécuté est livré *aux Propriétaires; en détail*, pour ce qui intéresse *chacun d'eux ;* en *masse,* pour ce qui concerne l'ensemble *des Contribuables de chaque Commune.* Ce travail, après avoir subi l'examen de *chaque Propriétaire individuellement*, est vérifié dans le *Conseil municipal* qui délègue l'un des *Propriétaires à l'Assemblée cantonnale,* où les opérations faites dans *les diverses Communes de chaque canton* sont, *en présence de tous les Agens qui y ont concouru, revues et comparées;* où *les rectifications* jugées convenables sont indiquées, et dont le Procès Verbal est soumis par le Directeur des Contributions, avec un Rapport spécial, au jugement définitif du Préfet et du Conseil de Préfecture; c'est-à-dire *des Autorités locales.*

On ne voit donc pas comment il serait possible de démontrer que cette opération se fît *dans le seul intérêt du fisc,* ni que les Propriétaires pussent exercer quelque influence de plus, *dans celui de la justice distributive,* si son *entière exécution* leur était *exclusivement* abandonnée, en les privant d'ailleurs des secours qu'ils obtiennent aujourd'hui du Cadastre parcellaire et de ses divers Agens; ce qui les replacerait dans la même situation où ils s'étaient trouvés auparavant et d'où il est évident qu'ils

n'auraient plus aucun moyen de sortir.
On ne citerait pas en effet une seule
Commune qui, depuis que le Cadastre
est entrepris, ait tenté de le suppléer,
par tout autre procédé, pour remédier
aux inégalités *dont on se plaint cependant partout où cette opération n'est pas encore exécutée.* N'est-on pas autorisé à en conclure que *nulle part on n'en a aperçu les moyens* et que l'on a toujours en perspective l'essai malheureux que l'on a fait en 1790 (*et dont les effets causent encore aujourd'hui tout le mal*), d'une Répartition opérée par les seuls Propriétaires privés des Élémens que le Cadastre parcellaire leur a depuis procurés ? Car tout le monde convient que l'on n'obtint alors, après un long temps et d'assez fortes dépenses, que des *matrices informes* dans lesquelles toutes les parties de territoire que le Cadastre *fait recouvrer*, avaient

été omises *et ont été, depuis vingt ans, soustraites à l'Impôt.*

Et il ne faut pas croire que ces omissions n'aient pu être que d'une *faible importance.*

L'un des membres de la Chambre des Députés (M. le marquis de Bizemont) a mis sous ses yeux, dans la session de 1817, les résultats du Cadastre récemment terminé dans l'un des Cantons du Département de Seine et Oise, où l'on a retrouvé deux mille cinq cent soixante-dix hectares (*cinq mille deux cents arpens locaux*) *qui n'avaient pas été imposés depuis vingt ans.* Ces découvertes se multiplient, chaque année, dans les Cantons soumis au Cadastre, *où elles diminuent le poids général de la Contribution,* en la faisant partager par ceux *qui s'en étaient jusque-là affranchis,* et prouveraient, s'il en était encore besoin, à quel point les opérations de 1790 avaient été défectueuses sous le rapport des *Contenances*, indépendamment de tous les vices qui s'étaient glissés dans *les Evaluations*; combien par conséquent il avait été *du devoir du Gouvernement* de faciliter les moyens d'y porter remède. Ces vices étaient tels, que l'on trouve des Communes qui paraissent imposées à une somme *égale, supérieure* même *au Revenu porté à l'ancienne Matrice*, et qui n'avaient cependant jamais réclamé *sur la quotité de leur Contingent*. Il est difficile de comprendre que quelques personnes semblent vouloir maintenir un tel ordre de choses, ou qu'elles puissent proposer, *de bonne foi*, de revenir, pour rectifier de telles erreurs, *aux mêmes Procédés* par lesquels *elles ont été commises*.

Il est à remarquer que l'*indépendance* que le Cadastre doit donner à *la Propriété*, et dont j'ai parlé plus haut, existe déjà dans les Cantons *actuellement cadastrés*, où l'ensemble des anciens Contingens des Communes qui les composent est réparti entre tous les Propriétaires, *au centime le franc de leurs Allivremens cadastraux*. Le bienfait de l'égalité proportionnelle s'étend ainsi successivement partout où l'opération cadastrale est terminée.

Les anciennes Chambres des Comptes avaient été remplacées, depuis la *Révolution*, par une *Commission de Comptabilité* établie pour toute la France, dont l'organisation (quoiqu'elle eût été améliorée en l'an 9) et l'autorité n'étaient pas suffisantes pour que la tâche qui lui était imposée pût être convenablement remplie.

Une Loi du mois de septembre 1807 institua une *Cour des Comptes*, organisée à l'instar des anciennes Chambres supprimées et qui reçut les mêmes attributions. Le zèle des Magistrats dont elle fut composée fit promptement disparaître un immense arriéré qui remontait, en partie, aux premiers temps de *la Révolution*, et les formes qu'ils prescrivirent pour les divers Comptes à présenter à *la Cour*, y portèrent une régularité dont la trace s'était perdue depuis long-temps.

Le Réglement de ces anciennes Comptabilités a procuré des rentrées importantes au Trésor public.

CHAPITRE VIII.

(De l'année 1808, au 1er avril 1814.)

Depuis l'année 1808, le Ministère des Finances n'eut plus d'autre soin que celui d'entretenir le mouvement d'une Machine dont tous les Rouages avaient pris, d'année en année, une marche plus régulière et dont les Ressorts ont résisté, depuis, à la secousse de deux *Invasions étrangères*.

Ses principales occupations (indépendamment des affaires de l'Intérieur qui appartiennent à tous les temps) furent le règlement de celles des divers pays qui avaient été nouvellement réunis au territoire et l'introduction, dans ces pays, du *Régime français*.

Il serait sans intérêt de rappeler ici les difficultés *de détail* qui ont dû se rencontrer dans ces opérations dont les résultats sont devenus étrangers à la France rentrée dans ses limites (1).

---

(1) Je dois dire que ces difficultés ont été singulièrement diminuées par le concours des hommes, d'un talent remarquable, qui furent envoyés sur les points principaux pour y préparer, après avoir étudié les mœurs et les habitudes, le Système de Contributions qui pourrait réunir le mieux toutes les convenances locales. Aussi peut-on avancer, sans craindre d'être désavoué, que l'*Administration française* avait réussi partout.

L'organisation des Finances, dans les Etats Romains, fut proposée par M. le baron Janet, maître des requêtes, qui y exerça, jusqu'à la fin, les fonctions d'intendant général des Finances et du Trésor, de manière à s'y concilier l'estime générale. Il opéra, en deux années, la liquidation de la Dette publique qui, lorsque le Pape revint dans ses Etats, se trouva rem-

La principale *opération de Finances* qui ait été faite dans ce dernier période

boursée, en totalité, *en Domaines provenant des Etablissemens ecclésiastiques supprimés*. Cette importante opération fut, dès les premiers momens de son retour, *sanctionnée par Sa Sainteté* qui en reconnut tous les avantages et qui put remarquer également que l'ordre régnait dans toutes les parties de l'Administration publique.

Une Junte établie à Florence, et dont le même M. Janet et M. le comte de Chabrol étaient membres, avait été antérieurement chargée de préparer l'organisation de la *Toscane* dont la Dette fut aussi liquidée et remboursée en *Domaines nationaux*.

Dans les Départemens anséatiques, feu M. de Chaban, conseiller d'Etat, rendit les mêmes services. Il termina, dans cette mission laborieuse, une vie honorable et honorée.

Avec d'aussi habiles coopérateurs, il devenait facile d'assurer, de Paris, à d'aussi grandes distances, la marche des affaires dont la situation était toujours connue, par la facilité que l'établissement d'un Service journalier d'*estafettes* donnait pour la correspondance qui n'éprouvait pas plus de lenteur que

fut le rétablissement, ordonné à la fin de 1810, du *Privilége exclusif* de la fabrication et de la vente du Tabac; qui avait été constamment dans les mains du Gouvernement jusqu'à la *Révolution*.

Le Compte qui fut rendu des bénéfices que procurait la fabrication de cette *matière*, fit reconnaître que ces bénéfices étaient tels, qu'ils excédaient *énormément* toutes les proportions d'un *profit commercial* et qu'ils devenaient par conséquent, en grande partie, un *véri-*

---

n'en éprouve aujourd'hui celle de notre frontière la plus éloignée.

Je n'eus à m'occuper directement de l'organisation des Finances qu'en Ligurie, en 1805; en Hollande et dans le pays de Munster en 1811; et je me plais à reconnaître que je fus puissamment aidé dans mes travaux sur les lieux où le Chef du Gouvernement s'était rendu lui-même, par des hommes d'État très-distingués de ces divers pays.

table impôt levé sur les Consommateurs.

Il fut dès lors jugé convenable de remetttre le Gouvernement en possession d'un Droit dont il avait joui de tous les temps avant 1789, en destinant l'excédant du produit, au delà des 21 millions que les Droits établis avaient rendus en 1810, *à compenser une partie relative des Contributions directes,* aussitôt que le Trésor aurait été remboursé des avances qu'il aurait faites pour l'achat des matières existant dans les Manufactures et des bâtimens et ustensiles nécessaires à la fabrication. Ces dépenses firent un objet *de cent millions* qui furent payes *comptant,* au fur et à mesure du réglement fait avec chaque propriétaire ou fabricant.

L'exercice du Privilége ne commença qu'au 1er. juillet 1811. Ses produits furent en conséquence de peu d'importance pour cette première année; ils se fondirent dans les perceptions générales de la Régie des Droits réunis, qui s'élevèrent à près de 128 millions.

Le produit brut de la Taxe sur *la fabrication et la vente du Tabac*, avait été successivement élevé, de moins de 2,000,000 fr. à quoi il se réduisait en l'an 8, lorsqu'il était perçu par la Régie de l'Enregistrement, à 21 millions, *seulement pour la perception faite par la Régie des Droits réunis* et indépendamment des *Droits de Douanes* sur les feuilles importées *de l'Etranger*. Cette amélioration avait été le résultat *de la Législation*; mais les frais de la surveillance qu'il fallait exercer sur les Fabriques étaient disproportionnés avec le produit *net*, quoiqu'en dernier lieu, ces frais eussent été considérablement diminués par l'établissement *d'une Licence* dont les fabricans furent tenus de se munir et dont le prix avait été fixé à 1000 fr.

L'effet de cette disposition avait été de restreindre, *en une année*, le nombre des fabriques, *de quatorze cents* à *trois cents* et de réduire les frais de surveillance dans la même proportion.

L'on peut juger par-là de celui qu'eût produit une fixation plus élevée du prix de *la Licence*, telle que celle *de dix mille fr.*, par exemple, qui avait été proposée par quelques fabricans, pour tenir, en partie, lieu du *rétablissement du Privilége*. Il est évident que l'on n'eût fait qu'établir *le Monopole* en faveur *du petit nombre* de ceux qui auraient pu supporter un sacrifice aussi considérable. Or, s'il devait exister *un privilége (et cette question est résolue par les motifs qui en ont déterminé le rétablissement)*, il convenait que ce fût *au profit de l'État*.

Les circonstances graves de l'année 1813 déterminèrent une autre disposition d'une assez grande importance; celle dé la vente de la partie *des Propriétés immobiliaires* des villes, bourgs et villages, qui ne donnaient pas lieu à *une jouissance commune*. L'opinion avait toujours été que ces biens étaient généralement mal affermés (et les raisons qu'on en donnait n'étaient pas toujours honorables pour *l'Administration des Communes*) ; que les bâtimens étaient aussi mal entretenus ; que par conséquent ces Propriétés ne pouvaient que gagner à passer dans les mains de Propriétaires *particuliers* et que, de leur côté, les Communes n'auraient rien à regretter, lorsqu'elles obtiendraient un Revenu équivalent *par une rente sur l'État*.

Cette mesure avait donc été ordonnée par une Loi du 20 mars 1813 qui avait eu pour objet et devait avoir pour résultat de procurer au Trésor un secours indispensable, *en épargnant à toutes les classes de Contribuables une surchar-*

ge énorme d'impôts. Celle loi, confirmée, en cette partie, depuis la Restauration, par celle du 23 septembre 1814, a été rapportée plus tard par une autre du 28 avril 1816 (1).

J'ai jugé inutile de faire connaître, chaque année, les résultats des fabrications de Monnaies qui ont eu lieu en

---

(1) Peut-être aurait-il été plus conforme à l'intérêt bien entendu des *Communes*, ainsi qu'à l'*Intérêt Public*, de ne pas revenir sur ce qui avait été décidé par la Loi du 23 septembre 1814; sauf à régler, si on l'avait jugé à propos, d'une manière plus favorable, les Remplacemens à donner *en Inscriptions au Grand Livre*. On eût conservé par là l'avantage *d'acclimater*, pour ainsi dire, *la Rente* dans les Départemens et de rendre les *Communes* (c'est-à-dire, en dernier Résultat, *la Population tout entière*) moins étrangères aux affaires Publiques et aux besoins du *Crédit*.

On pourra, plus d'une fois, regretter une Combinaison qu'une saine Politique eût conseillé de favoriser au lieu de la détruire.

exécution de la Loi du 7 germinal an 11. J'en présente ici la récapitulation générale au 31 décembre 1813. Elles s'élevaient, à cette époque, à 1,380,303,356 francs, dans lesquels les fractions de la pièce de 5 fr. figurent pour 72,483,273 fr.

Il est à remarquer qu'il était entré dans ces fabrications pour près de 700 millions de monnaies et de matières *venues de l'Etranger* et qui ont accru d'autant la masse *du Numéraire* en France. Le surplus est provenu de celles de nos anciennes espèces qui ont été apportées au Change de nos Hôtels des Monnaies.

Il peut être de quelque intérêt de connaître les fabrications d'espèces d'or et d'argent qui avaient eu lieu, *depuis* 1726, époque de la dernière refonte générale opérée *pour toutes les Monnaies*, et *en 1785, pour les espèces d'or seulement*. J'en annexe ici le Tableau montant à 2,782,574,888 fr. On y voit que la refonte des Louis d'or, exécutée en 1785, ne s'était élevée qu'à 646 millions, tandis que, de 1726 à 1785, les fabrications avaient monté à 980 millions ; d'où l'on pouvait conclure qu'il était resté plus de 240 millions de ces anciennes espèces, soit en France, soit dans l'Etranger, qui n'avaient point été présentées à la refonte. Celles qui étaient demeurées *en France* ont naturellement fait partie des anciennes espèces françaises qui ont été refondues depuis 1803 : les autres ont pu entrer dans les monnaies venues *de l'Etranger.*

Si ces données ne peuvent conduire à *une appréciation exacte* de la quantité du *Numéraire* existant en France, elles peuvent du moins en faire prendre une idée approximative.

Il avait été fabriqué, comme je viens de le dire, depuis 1726 jusqu'au 1ᵉʳ vendémiaire an 10 (1802) suivant l'Etat ci après. . . . . . 2,782,574,888 fr.

DE FRANCE.

Report. . . . . 2,782,574,888 fr.

La fabrication de l'an 10 a produit 4,888,910

Celle du 1ᵉʳ vendémiaire au 7 germinal an 11 (1803). 11,589,715

Enfin celle du 1ᵉʳ germinal, an 11, au 31 décembre 1813. . . . 1,380,303,356

Total général des fabrications depuis 1726. 4,179,156,869

Il était entré dans les fabrications faites depuis 1803, d'anciennes espèces *françaises* qu'il faut déduire, pour environ (1) 700,000,000

Ainsi la masse du Numéraire existant en France au 31 décembre 1813, aurait été au moins de 3,479,156,869

---

(1) Je ne fais point état, ici, de la partie des Espèces d'or fabriquées de 1726 à 1785, *qui ne s'était pas représentée à la Refonte*, à cette dernière époque, parce que je n'ai pu connoître la quantité de ces Espèces qui avait pu se confondre parmi les matières venues *de l'Etranger* que j'ajoute, *en totalité*, à la masse du *Numéraire français.*

Quelque estimation que l'on veuille faire des exportations de *numéraire* qui ont pu avoir lieu, par diverses causes, soit pendant la *Révolution*, soit depuis, il paraît difficile de n'être pas persuadé que nous possédions encore, au 1er avril 1814, au moins les mêmes deux milliards sept à huit cent millions qui avaient été fabriqués de 1726 à l'an 10 (1802).

Tableau des Espèces d'or et d'argent fabriquées depuis 1726 jusqu'au 1er vendémiaire an 10.

NOMS des PIÈCES.	LOIS.	MONTANT des FABRICATIONS.	TOTAL.	OBSERV.
ESPÈCES antérieures à la Rév.				
Or.		liv. s.		La refonte de toute cette fabrication montant à 986,643,888 liv., ayant été ordonnée par la Déclaration du 30 octobre 1785, elle n'a dû être portée ci-contre que pour *mémoire*.
Louis d'or	Édit de janvier et Déclaration de février 1726, depuis 1726 jusqu'en novembre 1785.	656,710,416 »	Mémoire.	
Doubles-Louis		324,819,952 »		
Demi-Louis		5,213,520 »		
Louis d'or	Déclaration du 30 octobre 1785, ordonnant la refonte de toutes les espèces ci-dessus.	746,358,144 »	liv. s. 746,358,144 »	Cette somme provient en grande partie des Louis fabriqués de 1726 à 1785. On en pourrait conclure qu'il était resté 40,285,744 liv. de ces anciens Louis, soit en France, soit chez l'Étranger.
Doubles-Louis				
Argent.				
Écus de 6 livres	Édit de janv. 1726.	1,735,235,892 »	1,917,637,989 16	
Écus de 3 livres		131,778,131 »		
Pièces de 24 sous		19,894,514 8		
Pièces de 12 sous		27,287,641 4		
Pièces de 6 sous		3,441,811 4		
Pièces de 30 sous	Lois des 19 janvier, 28 juillet et 18 août 1791.	16,568,202 »	28,521,625 »	
Pièces de 15 sous		6,953,423 »		
Monnaie Républicaine.				
Pièces de 5 francs	Loi du 28 thermidor an 3.	90,057,130 »	90,057,130 »	
TOTAL GÉNÉRAL			2,782,574,888 16	

CONCLUSION.

J'ai dû n'être que l'historien fidèle des *faits* d'une Administration sur le mérite de laquelle il ne m'appartenait pas de prononcer.

Je dirai seulement que ces faits puisés, en grande partie, dans les Comptes administratifs publiés, chaque année, et que je n'hésite point à rappeler en présence de la plupart de ceux qui en ont été *les coopérateurs* ou *les témoins*, semblent prouver que cette Administration n'a point marché *au hasard;* que, dès le principe, ses idées étaient *arrê-*

tées et qu'elle avait eu *deux buts principaux* vers lesquels elle s'était dirigée avec persévérance, à travers les obstacles sans cesse renaissans :

Le premier, de relever et d'asseoir *le Crédit*, en soignant attentivement les intérêts des *Créanciers de l'Etat* ; et sa constante sollicitude à cet égard se fait remarquer, soit dans l'application faite, au début, *malgré l'urgence des besoins du Trésor*, d'une partie des ressources *nouvellement créées*, au remboursement des *Effets publics* dont j'ai parlé au chapitre 1er ;

Soit dans la disposition de la Loi du 30 ventôse an 9, qui rend purement *facultative la Consolidation* des dernières créances *de l'an* 8, lesquelles furent seulement soumises, dans l'intérêt public, aux vérifications nécessaires pour en écarter, autant que possible, les abus que la difficulté des temps et les désordres de la guerre avaient également favorisés (1); -

Soit dans le paiement des Rentes et Pensions, *en numéraire effectif,* substitué, dès l'an 9, aux *Bons* d'une valeur *incertaine,* qui étaient précédemment donnés aux Rentiers et Pensionnaires;

Dans le scrupule avec lequel le sort des Créances *anciennes* et celui des Porteurs de *Bons* 2/3 sont successivement réglés par les Lois des mois de ventôse an 9 et floréal an 10;

Dans celle des dispositions de cette dernière Loi, qui ordonne le paiement, en *un mois*, de chaque semestre des arrérages de la Dette *perpétuelle*; disposi-

---

(1) On voit, dans les comptes de Finances, que les paiemens *en Numéraire* faits par le Trésor, pendant les années 9 et 10, pour le service *antérieur à l'an* 9, se sont élevés à 49,166,759 francs ou près de 50 millions.

tion étendue, peu après; à la Dette *viagère* et aux *Pensions*, malgré le renouvellement de la guerre; (1)

Soit enfin dans l'exactitude avec laquelle ces arrérages ont toujours été acquittés, au milieu de tous les embarras que les circonstances créaient au Trésor Public (2).

Aussi ne craint-on point de dire que le genre de *Crédit* qui pouvait appar-

---

(1) Cette Disposition qui avait eu, dans le temps où elle fut prise, pour but et pour Résultat, d'améliorer le *Cours de la Rente*, fut comme je l'ai dit, modifiée plus tard, dans l'Intérêt *du Trésor*, sans qu'il ait paru en résulter aucun inconvénient pour *le Crédit*.

(2) Je ne pense pas que l'on pût raisonnablement opposer à cette assertion le retard que le paiement de la Dette publique aurait éprouvé par suite *des dernières circonstances* qui ont précédé et amené la chute du Gouvernement impérial.

tenir à un Gouvernement dont *la stabilité* restait toujours *incertaine*, au milieu de ses triomphes, ne lui a pas manqué toutes les fois qu'il lui a convenu d'y recourir.

Ainsi les *Bons* de la *Caisse d'Amortissement* qui avaient été créés, en 1806, pour solder les exercices 9, 10, 11 et 12, obtinrent une entière confiance et circulèrent sans perte ou avec une perte insignifiante, jusqu'à leur remboursement qui n'éprouva jamais le moindre retard.

Ainsi *le Trésor* a toujours trouvé, à un taux modéré, les secours générale-considérables dont il a eu besoin pour aligner ses moyens avec les exigences du service courant.

On peut ajouter que la Dette *perpétuelle*, une fois sortie de l'avilissement où le Gouvernement l'avait trouvée, en l'an 8, se maintint généralement à un *Cours* élevé.

Le second but avait été de parvenir à porter les Revenus ordinaires à la hauteur nécessaire, par des Droits *sur les Consommations*, dont l'excédant, au delà des besoins du Trésor, serait appliqué à la diminution graduelle des Contributions *sur les Terres et sur les Capitaux*, afin de remplir le double objet d'alléger l'Impôt, par le mode de son assiette et de sa perception, et de favoriser *la Reproduction*, source de la richesse publique.

L'exécution de ce plan a été contrariée, sous le rapport de la *réduction des Impôts directs*, qui n'a pu être que *partielle*, par les circonstances impérieuses qui forcèrent de l'ajourner, en grande partie, d'année en année, quoique les Contributions nouvelles qui devaient entrer en compensation des réductions opérées, eussent été créées et qu'elles donnassent d'importans produits; mais *une Paix solide* pouvait seule réduire les dépenses du Ministère de la Guerre au point de laisser, sur les Revenus, une marge suffisante.

Les vues de l'Administration, en faveur de la *Propriété foncière*, ne s'étaient pas bornées *à la réduction de l'impôt sur les terres*; elles s'étaient étendues aux moyens *d'en perfectionner l'assiette, en affranchissant en même temps les Propriétaires, de toutes les influences dans le réglement de leur cotisation.* C'est dans ce dessein que fut entrepris *le Cadastre*, aux progrès duquel l'aisance que *la Paix* eût donnée au Trésor aurait été si favorable.

Il paraît donc démontré que, quoi qu'on en ait pu dire, *l'état de guerre*, loin qu'il ait jamais été *dans l'intérêt* de la dernière Administration des Finances, lui a au contraire été toujours *opposé*, en arrêtant l'exécution de ses vues (1).

Il est bien vrai que, tant que le Gouvernement fut heureux, la Victoire aida puissamment le Service *extraordinaire* et qu'elle permit même de consacrer, en quatre ans, plus de 500 millions à des travaux publics et à des embellissemens de tout genre dans l'intérieur;

Mais il ne l'est pas que *la continuité* de la guerre ait été, à aucune époque, comme on a cherché à le persuader, *un besoin*, soit *pour les Finances* dont elle troublait réellement les opérations, soit *pour le Gouvernement lui-même* dont

---

(1) La situation des affaires, à la fin de l'an 10, ne peut laisser à cet égard aucun doute.

On a vu que l'*affermissement de la paix*, à cette époque, aurait facilité de grandes améliorations qui furent ou retardées ou empêchées par le retour de la Guerre.

l'existence se trouvait incessamment commise au sort si hasardeux des combats (1).

L'origine et la cause de celles qui ont ensanglanté le Continent pendant près de quatorze années, ne sont plus depuis

---

(1) Une observation tant soit peu impartiale des *faits* aurait aisément conduit à reconnaître que, pendant les dix dernières années du Gouvernement Impérial, les intérêts de l'Administration des Finances *proprement dite* n'avaient eu rien de commun avec ceux du *Trésor public*, sous le rapport du *Service extraordinaire*;

Que si celui-ci avait tiré une partie de ses moyens de *la Conquête* (sans que toutefois l'ensemble de son service eût exigé moins d'habileté dans ses combinaisons); la marche de l'autre avait été constamment entravée par *l'état d'hostilité continuelle*;

Qu'enfin la *France* n'aurait pas mérité *seule* le reproche d'avoir fait retomber, d'une manière plus ou moins directe, sur le Continent européen, une partie du poids de la guerre.

long-temps un *mystère* et l'on sait que ce n'est point *en France* que la guerre fut déclarée *viagère !*.... Dès que cette déclaration fut connue, il fut évident qu'il s'agissait, entre les deux Puissances rivales, d'un combat *à mort*.

L'une avait l'immense avantage de la *domination des mers*, qui lui assurait les profits du Commerce du Monde et, par-là, les moyens d'obtenir de puissans auxiliaires.

L'autre, privée de ses Colonies, réduite à ses ressources intérieures qui suffisaient à peine alors à ses dépenses indispensables, seule contre tous, ne pouvait attendre son salut que de son Epée.

De là le système de conquêtes dans lequel elle fut entraînée par le besoin de sa propre conservation, et l'on peut dire que, dès lors, *elle n'eut réellement plus d'avenir;* il ne s'offrit à ses regards qu'au milieu d'un nuage épais d'où elle avait toujours à craindre de voir, un jour, éclater les tempêtes. Elle était condamnée à la nécessité d'être *constamment heureuse à la guerre*; et n'est-ce pas dans ces jeux cruels que la fortune a le plus souvent signalé son inconstance ! Aussi qu'a-t-il fallu pour renverser une puissance devenue colossale ? *une imprudence* et *un hiver !*

C'est ce que prévoyaient les hommes qui pensent et qui ne se laissent pas abuser par les prestiges de la gloire.

D'un côté, ils voyaient *dans l'agrandissement perpétuel du territoire*, le germe d'une catastrophe *inévitable*, lorsque ce Colosse immense ne serait plus soutenu par un bras puissant.

D'un autre côté, ils ne pouvaient se dissimuler que le véritable but de la *Révolution* (*l'établissement d'une Monarchie constitutionnelle*) n'était pas atteint; que par conséquent *la Révolution n'était pas finie*; et l'on sait qu'il est dans la nature des Révolutions de bouleverser les Empires. C'était essentiellement *par ce côté* que le Gouvernement impérial était vulnérable et c'est aussi par-là, et *seulement par-là*, qu'il a péri sitôt.

Il y eut un moment où il aurait pu s'affermir, au moins pour un temps, *en fondant franchement la Liberté publique.* La paix semblait alors assurée, pour beaucoup d'années, en Allemagne et dans le Nord de l'Europe; et aucun obstacle ne paraissait pouvoir arrêter désormais les effets du *Système Continental,* qui se faisaient déjà si manifestement sentir dans le pays contre lequel il était dirigé.

C'était un instant à saisir pour satisfaire au vœu des amis d'une sage liberté, en donnant *à nos Institutions* le caractère qui devait fixer leur confiance. Cet instant, pour ainsi dire, *de grâce* fut perdu et la Campagne de 1812 porta bientôt, par ses résultats, un coup mortel *à l'opinion* qui, un moment ranimée en 1813, retomba presque aussitôt dans l'affaissement par lequel seul fut marqué le terme de ce Période de Gloire et de Malheurs. Car *l'histoire* dira que, dans la courte, mais mémorable lutte de 1814, la France n'eût pas succombé, si *l'opinion* n'avait pas cessé d'appuyer ses armes.

Il fallait, pour qu'elle obtînt le repos, qu'elle revînt à une situation naturelle. Elle l'a retrouvée en rentrant dans ses limites et sous l'empire d'une Charte qui consacre ses Libertés. Ce n'est que par l'existence de cette Charte, *qui fera époque dans notre histoire*, que *la Révolution a été véritablement terminée;* comme la religieuse observation du Pacte Social peut seule fonder la Tranquillité publique sur une base désormais inébranlable.

Les Dépenses du service, depuis l'an 9 jusqu'en 1813 inclusivement, se sont élevées, pour ces treize années, ainsi qu'il résulte des Comptes publiés annuellement, à plus de 10 milliards qui ont été payés *en numéraire effectif*, à la seule exception de divers reliquats de Comptes des années 1809 et antérieures, dont l'ensemble a été *estimé*, depuis le 1er avril 1814, à 91 millions, *sauf les réductions qui pourraient résulter d'une liquidation attentive*.

Une Loi du 20 mars 1813 (*confirmée depuis, en cette partie, par celle du 25 mars 1817*) avait ordonné que ces reliquats qui, *à tort ou à raison*, avaient été jugés peu recommandables, seraient inscrits au grand livre de la Dette publique.

On en a fait le sujet d'un reproche grave.

On a même affecté de confondre,

contre l'autorité des faits, les opérations qui ont *suivi* l'an 8, avec celles qui l'avaient *précédé*, afin de rendre le blâme commun aux deux époques.

Sans doute la *Consolidation forcée*, ordonnée en 1813, même d'une somme peu importante dans l'ensemble des Dépenses faites pendant treize années, avait été un tort réel; mais la justice eût voulu que l'on ne l'eût point exagéré, en supposant un *Système* là où il n'y avait réellement eu *qu'une Exception* déterminée, sinon justifiée, par des circonstances qui sortaient entièrement de l'ordre commun (1).

---

(1) Le reproche à faire au dernier Gouvernement n'était pas précisément celui de s'être joué de ses Engagemens qu'il a généralement remplis.

Mais une défiance, née des temps de désordre, avait fait prendre la pernicieuse habitude de soumettre la plupart des comptes de *Fournitures* à

En présentant le tableau des *faits* que je viens d'exposer et les réflexions dont

---

des investigations dont le résultat était toujours, sinon des retranchemens, tout au moins des retards, quelquefois très-prolongés, dans le paiement *du solde*.

Cette manière de soigner *l'intérêt de l'Etat* nuisait réellement plus *à la Chose publique et aux Finances*, que *quelque abandon même* n'eût pu le faire, parce qu'elle éloignait du service les hommes capables de s'en acquitter le mieux et aux conditions les plus favorables au Trésor.

Des Institutions *franchement constitutionnelles* auraient naturellement écarté de tels procédés qui ont dû concourir à l'altération de *l'opinion* dans les derniers temps.

Et c'est ainsi que l'on est toujours ramené à reconnaître que *l'absence de ces Institutions* a été la véritable cause de la chute précipitée du Gouvernement le plus vigoureux qui eût paru, depuis long-temps, sur la scène du monde.

Grand et mémorable exemple, dont je laisse aux hommes *de bonne foi* qui croiraient encore aux Garanties du POUVOIR ABSOLU POUR LA STABILITÉ du Gouvernement, le soin de tirer les conséquences !

je les ai cru susceptibles, j'aurai atteint mon but principal, si j'ai pu, en rappelant les causes des événemens divers qui, dans un court intervalle, ont renouvelé, deux fois, la face de l'Europe;

Préparer pour L'HISTOIRE, une répartition plus équitable de l'éloge et du blâme;

Calmer *tous les regrets* qui existeraient encore, par *l'instabilité démontrée* de l'ordre de choses qui en serait l'objet;

Préserver l'Administration de nos Finances de fausses Doctrines dont l'influence serait funeste à l'Etat;

Enfin prouver, de plus en plus, que *la Monarchie constitutionnelle* peut seule garantir le bonheur des familles, en assurant la paix intérieure et la prospérité publique.

FIN.

www.ingramcontent.com/pod-product-compliance
Lightning Source LLC
Chambersburg PA
CBHW060121170426
43198CB00010B/985